小学数学教学研究

郭亭玉　著

吉林人民出版社

图书在版编目（CIP）数据

小学数学教学研究 / 郭亭玉著. --长春：吉林人
民出版社，2024.8. --ISBN 978-7-206-21350-2

Ⅰ. G623.502

中国国家版本馆 CIP 数据核字第 20247Y2T38 号

小学数学教学研究

XIAOXUE SHUXUE JIAOXUE YANJIU

著　　者：郭亭玉

责任编辑：金　鑫

出版发行：吉林人民出版社（长春市人民大街 7548 号 邮政编码：130022）

印　　刷：唐山才智印刷有限公司

开　　本：787mm×1092mm　　1/16

印　　张：9.5　　　　　　字　　数：131 千字

标准书号：ISBN 978-7-206-21350-2

版　　次：2025 年 6 月第 1 版　印　　次：2025 年 6 月第 1 次印刷

定　　价：68.00 元

如发现印装质量问题，影响阅读，请与出版社联系调换。

前　言

随着现代信息技术的快速发展，数学更加广泛地应用于社会生产和日常生活的各个方面。数学作为自然科学和技术科学的基础，在人类发展和社会进步中发挥着越来越大的作用。

对于小学数学教学而言，如何组织教学，使小学生理解数学的思想并能运用数学知识解决生活中的问题，是值得广大教育工作者思考的。随着新课程改革的不断推进，在开展小学数学教学的过程中，教师不仅要教授学生数学知识，还要培养学生的数学素养，让学生在学习的过程中不断提高逻辑思维能力与创新能力，促进学生全面发展。同时，教师应思考如何进行教学优化，如何在有效优化教学手段、创新教育方法的前提下，让学生感受到学习数学的乐趣。

本书结构合理、条理清晰，对小学数学教师及相关研究人员有一定的参考价值。为确保本书的准确性和严谨性，笔者在写作本书的过程中参阅了相关文献和专著，在此向其作者表示感谢。由于笔者学识有限，书中难免存在错误和疏漏之处，恳请广大读者批评指正。

目 录

第一章　小学数学概述

第一节　小学数学的课程性质与目标

一、小学数学的课程性质

（一）数学学科的特征

一般认为，数学学科具有抽象性、严谨性和广泛性三个基本特征。

数学学科的抽象性是指数学学科中的教学内容来源于实践，是对现实世界中的具体事物在数量关系和空间形式方面的抽象，其在处理方法和表征形式上都具有抽象性的特征。抽象性是数学学科最基本的特征。

数学学科的严谨性是指数学中每一个定理、定律都要经过严格的证明，数学的语言和思考过程都要严谨且合乎逻辑，数学命题的证明要从公理出发，经过严格的推导过程，得出合乎逻辑的结论。平面几何命题的论证与推理，就是数学学科严谨性的突出代表。在小学数学的教学过程中，由于受到学生认知水平和年龄特征的限制，并不要求每一个结论都要进行严格的证明，但在解决问题过程中，分析与思考问题的方式和方法要尽量体现逻辑性。

数学学科的广泛性是指数学应用的广泛性。数学学科的抽象性特征使其在实际生活中的应用十分广泛。

（二）学科数学与科学数学的关系

学科数学是指在教师教学时依据一定的教育目的和教学目标，将数学的内容加以处理作为教学过程认识的对象；科学数学是指数学自身的内容体系、结构特点以及理论意义和应用价值。

学科数学与科学数学有着密切的联系。学科数学的内容是根据教育目的、教学目标以及学生的发展水平和认知规律,从科学数学内容中进行选取并予以合理编排;同时,随着科学数学的发展,在学科数学中也常常渗透一些现代数学的思想方法,如集合、函数、概率等思想,也常常增加一些新的内容,如在新课程的实施过程中,小学数学增加了统计与概率的内容等。

学科数学与科学数学不仅有着密切的联系,也有明显的区别。

1. 出发点不同

学科数学必须考虑学生的生活经验、发展水平和认知规律,所以它常常从生活的实例出发,让学生自己去发现其内在联系;而科学数学注重自身的理论体系,可以不必考虑其他因素,所以常常从数学问题或基本原理出发,构建科学数学的知识体系。

2. 目的不同

学科数学的目的主要在于让学生掌握数学知识技能,获得数学思想方法,经历问题解决的过程,培养数学兴趣;而科学数学的主要目的在于科学揭示事物的内在规律,尤其是事物内部的数量关系和空间形式。

3. 内容处理方法不同

学科数学由于必须考虑学生的生活经验、发展水平和认知规律,因此,常常通过列举一些具体事例,用不完全归纳法得出结论;而科学数学由于注重自身理论的逻辑体系和科学性,因此,对所有的定理、公式、法则、定律等都必须进行严格的论证和推导。

4. 内容的编排顺序不同

学科数学的内容要考虑学生的发展水平和认知规律,所以在不影响科学性的前提下,可以对所学内容进行适当的调整和编排;而科学数学的内容则要完全按照数学理论自身的逻辑体系进行编排。

(三)小学数学学科的性质

数学是研究数量关系和空间形式的科学。小学数学学科的性质可以通过以下三种数学观进行理解和认识。

第一，儿童数学观认为，小学数学是儿童的数学，是一种从儿童实际出发的非完全形式化的数学，是一种为了儿童理解生活世界而学习的数学。这种数学观强调小学数学应该符合儿童的实际。

第二，生活数学观认为，小学数学是生活的数学，是一种存在于生活实践中的非形式化的数学，是人们在社会实践活动中理解生活世界、彼此交流思想的数学。

第三，大众数学观认为，小学数学是大众的数学，是一种人人都必须学习的数学，是一种面向全体学生、适应学生个性发展需要的数学。大众数学观强调小学数学的基础性、普及性和发展性，强调小学数学要面向全体学生，并适应学生个性发展的需要。

从以上三种数学观来认识小学数学学科，它至少应具有以下几个性质。

1. 生活性

生活性就是倡导把数学学习回归儿童的生活。

2. 体验性

小学数学的教学过程应当成为一种学生亲身体验用数学知识解决问题的过程，教师不要总是将整理好的详细证明（事实）材料提供给学生，而应尽可能地让学生通过观察、发现和证明去发现事实或结论。只有这样，才可能使学生真正经历超越局部的、非单纯接受的问题解决过程。

3. 普及性

普及性就是倡导数学学习应该面向全体学生，让每个学生都能学有价值的数学，都能获得必需的数学知识，使不同的学生在数学领域得到不同的发展。

（四）小学数学学科的任务

小学数学学科的任务除了让学生掌握适应未来社会生活和进一步发展所必需的重要数学知识和基本技能以外，还应该包括培养学生的数学素养、数学思维和数学兴趣。

1. 培养小学生的数学素养

培养小学生的数学素养是小学数学学科的主要任务。在数学基础知识和基本技能的教学中，教师应该重视培养小学生的数学素养，提高小学生的整体素质。

2. 培养小学生的数学思维

培养小学生的数学思维是小学数学学科的重要任务。数学是促进个体思维发展的重要基础和重要途径，小学生正处于以具体形象思维为主逐步向抽象逻辑思维过渡的特殊阶段，因此，教师应在遵循学生心理特点和认知规律的基础上，培养其数学思维。

3. 培养小学生的数学兴趣

培养小学生的数学兴趣是小学数学学科的主要任务。数学兴趣是数学学习的内在驱动力，是学生可持续发展的关键所在。

二、小学数学的课程目标

小学数学的课程目标既指小学生通过数学课程的学习应该达到的目标，又指小学数学教师通过数学教学应该达到的目标。教材的编写、教师的教、学生的学以及对教师和学生的评价，都要围绕着课程目标来进行。但是，义务教育数学课程标准刻画的是义务教育阶段学生经过数学课程学习之后应该达到的目标，其行为主体是学生。

义务教育数学课程标准将课程目标分为总目标和学段目标。总目标带有全局性、方向性和指导性；学段目标分三个学段叙述，每个学段按照知识技能、数学思考、问题解决、情感态度这四个具体目标展开。

作为一名小学数学教师，必须深入研究课程目标，做到既能够提纲挈领，又能够多角度、全面深入地理解并掌握课程目标。只有这样，才能准确把握数学课程教学中的目标，进而有效落实课程目标。

（一）数学课程的总目标

通过义务教育阶段的数学学习，学生逐步会用数学的眼光观察现实世界，会用数学的思维思考现实世界，会用数学的语言表达现实世界。学生能获得适应未来生活和进一步发展所必需的数学基础知识、基本技能、基本思想、基本活动经验；学生能体会数学知识之间、数学与其他学科之间、数学与生活之间的联系，在探索真实情境所蕴含的关系中，发现问题和提出问题，运用数学和其他学科的知识与方法分析问题和解决问题。学生对数学具有好奇心和求知欲，了解数学价值，欣赏数学美，能够提高学习数学的兴趣，建立学好数学的信心，养成良好的学习习惯，形成质疑问难、自我反思和勇于探索的科学精神。

（二）数学课程的学段目标

1. 第一学段（1～2 年级）

经历简单的数的抽象过程，认识万以内的数，能进行简单的整数四则运算，形成初步的数感、符号意识和运算能力。能辨认简单的立体图形和平面图形，认识长方形和正方形的特征，体验物体长度的测量过程，认识常见的长度单位，形成初步的量感和空间观念。经历简单的分类过程，能根据给定的标准进行分类，形成初步的数据意识。在主题活动中认识货币单位、时间单位和基本方向，尝试用数学方法解决问题，积累数学活动经验，形成初步的量感和应用意识。

能在教师的指导下，从日常生活中提出简单的数学问题，尝试运用所学的知识和方法解决问题。在解决问题的过程中，感悟分析问题和解决问题的基本方法，感受数学在生活中的应用，形成初步的几何直观和应用意识。

对身边与数学有关的事物有好奇心，能参与数学学习活动。在他人帮助下，尝试克服困难，感受数学活动中的成功。了解数学可以描述生活中的一些现象，感受数学与生活的密切联系，感受数学美。能倾听他人的意见，尝试对他人的想法提出建议。

在一年级第一学期的入学适应期，利用生活经验和幼儿园相关活动经验，通过具体形象、生动活泼的活动方式学习简单的数学内容。这期间的主要目标包括：认识 20 以内的数，会 20 以内数的加减法（不含退位减法）；能辨认物体和简单图形的形状，会简单进行分类；解决日常生活中的简单问题；对数学学习产生兴趣并树立信心。

2．第二学段（3～4年级）

认识自然数，经历小数和分数的形成过程，初步认识小数和分数；能进行较复杂的整数四则运算和简单的小数、分数的加减运算，理解运算律；形成数感、运算能力和初步的推理意识。认识常见的平面图形，经历平面图形的周长和面积的测量过程，探索长方形周长和面积的计算方法；了解图形的平移、旋转和轴对称；形成量感、空间观念和初步的几何直观。经历简单的数据收集过程，了解数据收集、整理和呈现的简单方法；理解平均数的意义，会用平均数解决问题；形成初步的数据意识。在主题活动中进一步认识时间单位和方向，认识质量单位，尝试应用数学和其他学科知识与方法解决问题，积累数学活动经验，形成量感、推理意识和应用意识。

尝试从日常生活中发现和提出数学问题，探索分析和解决问题的方法，经历独立思考并与他人合作交流解决问题的过程，会用常见的数量关系和其他学科的知识与方法解决问题，能初步判断结果的合理性；形成初步的模型意识、几何直观和应用意识。

愿意了解日常生活中与数学相关的信息，愿意参与数学学习活动。在他人的鼓励和引导下，体验克服困难、解决问题的成就，体会数学的作用，体验数学美。在学习活动中能提出自己的想法，在与他人交流的过程中，敢于质疑和反思。

3．第三学段（5～6年级）

经历用字母表示数的过程，认识自然数的一些特征，理解小数和分数的意义；能进行小数和分数的四则运算，探索数运算的一致性；形成符号意识、运算能力、推理意识。探索几何图形面积和体积的计算方法；会计算常见平面图形的周长和面积，会计算常见立体图形的体积和表面积；能用有序数对确定点的位置，进一步认识图形的平移、旋转和轴对称；形成量感、空间观念和几何直观。经历收集、整理和表达数据的过程，会用条形统计图、折线统计图表达数据，并做出简单的判断；理解百分数的意义，了解随机现象发生的可能性；形成数据意识和初步的应用意识。在主题活动和项目学习中了解负数，应用数学和其他学科的知识与方法解决问题，积累数学活动经验，形成数感、量感、模型意识、应用意识和创新意识。

尝试在真实的情境中发现和提出问题，探索运用基本的数量关系，以及几何直观、逻辑推理和其他学科的知识、方法分析与解决问题，形成模型意识和初步的应用意识、创新意识。

对数学具有好奇心和求知欲，主动参与数学学习活动。在解决问题的过程中，体验成功的乐趣，相信自己能够学好数学，感受数学的价值，体验并欣赏数学美。初步养成认真勤奋、独立思考、合作交流、反思质疑的习惯。

第二节　小学数学的课程内容

课程内容是指按照一定要求制定的各门学科中的特定事实、观点、原理、方法、问题以及处理方式。小学数学的课程目标为小学数学课程内容的选择、组织和呈现等指明了方向。一般情况下，小学数学的课程内容是以小学数学教材（教科书）的形式加以呈现的，而小学数学课程资源的开发是小学数学课程实施过程中的一种素材补充渠道。

一、小学数学课程内容的选择依据和原则

（一）小学数学课程内容的选择依据

小学数学课程内容的选择依据包括数学课程标准、数学课程目标、学生生活实际、学生认知规律、社会发展需要等。

（二）小学数学课程内容的组织原则

课程内容的组织是指选定课程内容的组织编排方式，这些内容将为

学生的数学学习活动提供学习主题、基本线索和知识结构，是实现课程目标、实施教学的重要资源。

小学数学课程内容的组织原则包括：①准确把握内容标准的要求；②整体考虑知识之间的关联；③体现螺旋上升的基本原则；④注重体现数学的文化价值。

（三）小学数学课程内容的呈现原则

一般来说，课程理念和课程目标不同，内容组织和呈现形式就不同，这通常是由课程编制的价值取向和课程编制的专业技术决定的。在小学数学课程内容的呈现上，应该遵循以下原则。

1. 注意形式的多样化、生动化

第一学段可以以卡通、漫画、图片、表格为主，并配以适当的文字说明。例如，减法的教学内容，教材将不同的水果儿童化，并赋予其各自的性格，用图片来呈现不同的解答方法，从而代表不同类型学生的想法。

第二学段在图文并茂的同时，逐渐增加数学语言的比重，可以运用学生感兴趣的图片、游戏、表格、文字等，直观、形象地呈现课程内容。例如，对于如何估计一堆钉子的数量，可以用一组图片来呈现学生活动的场景，不同的图片呈现不同的活动方式；也可以用一组卡通图片来呈现；还可以用文字叙述，以激发学生的学习兴趣。

2. 留给学生探索交流的空间

义务教育数学课程标准的相关要求指出，有效的数学学习活动不能单纯地依赖模仿与记忆，动手实践、自主探索与合作交流是学生学习数学的重要方式。

第一学段课程内容的呈现要有利于学生进行观察、实验、操作、推理、交流等活动。无论是新课题的引入，还是教学内容的展开，都应力求创设具有启发性的问题情境，体现知识的形成过程。教师可以通过设立"看一看""做一做""想一想""说一说""读一读"等栏目，引导学生进行自主学习活动；还可以适当提供开放性的问题和合作交流的机会，为学生拓展探索的空间。

第二学段课程内容的呈现要为学生留有足够的探索和交流的空间，以培养学生良好的学习方式；要体现知识的形成过程，使学生在经历知识形成的过程中，探索和理解有关的内容。问题的设置要具有启发性，问题的呈现要有利于学生展开观察、实验、操作、推理、交流等活动；也可以通过设立"看一看""做一做""想一想""议一议"等栏目，引导学生进行探索与交流。

3．体现知识的形成和应用过程

课程内容的呈现不是单纯的知识介绍，学生数学的学习也不是单纯地模仿、练习和记忆。因此，教师在呈现课程内容时应选用合适的学习素材，适当介绍知识的背景，设计必要的教学活动，让学生通过观察、实验、猜测、推理、交流、反思等，感悟知识的形成和应用过程。

要想体现数学知识的形成过程，教师在设计数学活动时，内容的呈现要展现"知识背景—知识形成—揭示联系"的过程，这个过程要有利于激发学生的学习兴趣，帮助学生理解数学实质，发展思考能力，了解知识之间的关联。

4．突出知识之间的密切联系

数学是一个整体，其不同的分支之间存在着实质性的联系，这一点学生应当有所认识。

例如，对于统计与概率的内容，教师应重视渗透统计与概率之间的联系，使学生能够通过频率来估计事件的概率，通过样本的有关数据对总体的可能性做出估计；还应将统计与概率和其他领域的内容联系起来，从统计与概率的角度为学生创设问题情境，使学生在解决统计与概率问题时自然地使用其他领域的知识和方法，进而培养学生综合运用知识解决问题的能力。

5．关注不同学生的学习需求

课程内容的呈现要满足所有学生的数学学习需求，因此，在达到义务教育数学课程标准所提出的基本课程目标的基础之上，还应考虑到学生发展的差异和各地区发展的不平衡性，从而在内容的选择与编排上体现一定的弹性，满足不同学生的数学学习需求，使全体学生都能得到相应的提高。

二、小学数学课程内容的介绍

义务教育阶段的数学课程内容由数与代数、图形与几何、统计与概率、综合与实践四个学习领域组成。

数与代数、图形与几何、统计与概率以数学核心内容和基本思想为主线循序渐进，每个学段的主题有所不同。综合与实践以培养学生综合运用所学知识和方法解决实际问题的能力为目标，根据不同学段学生的特点，以跨学科主题学习为主，适当采用主题式学习和项目式学习的方式，设计情境真实、较为复杂的问题，引导学生综合运用数学学科和跨学科的知识与方法解决问题。

（一）数与代数

数与代数是义务教育阶段学生数学学习的重要领域之一，在小学阶段包括"数与运算"和"数量关系"两个主题。学段之间的内容相互关联，由浅入深，层层递进，螺旋上升，构成相对系统的知识结构。

"数与运算"包括整数、小数和分数的认识及其四则运算。数是对数量的抽象，数的运算重点在于理解算理、掌握算法，数与运算之间有密切的关联。学生经历由数量到数的形成过程，理解和掌握数的概念；经历算理和算法的探索过程，理解算理，掌握算法，初步体会数是对数量的抽象，感悟数的概念本质上的一致性，形成数感和符号意识；感悟数的运算以及运算之间的关系，体会数的运算本质上的一致性，形成运算能力和推理意识。

"数量关系"主要是用符号（包括数）或含有符号的式子表达数量之间的关系或规律。学生经历在具体情境中运用数量关系解决问题的过程，感悟加法模型和乘法模型的意义，提高发现和提出问题、分析和解决问题的能力，形成模型意识和初步的应用意识。

（二）图形与几何

图形与几何是义务教育阶段学生数学学习的重要领域之一，在小学阶段包括"图形的认识与测量"和"图形的位置与运动"两个主题。学段之间的内容相互关联，螺旋上升，逐段递进。

"图形的认识与测量"包括立体图形和平面图形的认识，线段长度的测量，以及图形的周长、面积和体积的计算。

图形的认识主要是对图形的抽象。学生经历从实际物体抽象出几何图形的过程，认识图形的特征，感悟点、线、面、体的关系；积累观察和思考的经验，逐步形成空间观念。图形的认识与图形的测量有密切关系，图形的测量重点是确定图形的大小。学生经历统一度量单位的过程，感受统一度量单位的意义，基于度量单位理解图形长度、角度、周长、面积、体积。在推导一些常见图形周长、面积、体积计算方法的过程中，感悟数学度量方法，逐步形成量感和推理意识。

"图形的位置与运动"包括确定点的位置，认识图形的平移、旋转、轴对称。学生结合实际情境判断物体的位置，探索用数对表示平面上点的位置，增强空间观念和应用意识。学生经历对现实生活中图形运动的抽象过程，认识平移、旋转、轴对称的特征，体会运动前后图形的变与不变，感受数学美，逐步形成空间观念和几何直观。

（三）统计与概率

统计与概率是义务教育阶段数学学习的重要领域之一，在小学阶段包括"数据分类""数据的收集、整理与表达"和"随机现象发生的可能性"三个主题。这些内容分布在三个学段，由浅入深，相互联系。学生在学习过程中，了解统计与概率的基础知识，感悟数据分析的过程，从而形成数据意识。

"数据分类"的本质是根据信息对事物进行分类。学生经历从事物分类到数据分类的过程，感悟如何根据事物的不同属性确定标准，依据标准区分事物，形成不同的类。在学习统计图表时，学生将进一步认识数据的分类，从中感悟对事物共性的抽象过程，不仅为统计学习，也为数学学习奠定基础。

"数据的收集、整理与表达"包括数据的收集，用统计图表、平均数、百分数表达数据。在学习过程中，让学生初步感受现实生活中存在大量数据，这些数据蕴含着有价值的信息，可以利用统计图表和统计量呈现和刻画出来，使学生形成初步的数据意识。

"随机现象发生的可能性"是通过试验、游戏等活动，让学生了解简单的随机现象，感受并定性描述随机现象发生的可能性的大小，感悟数据的随机性，使学生形成数据意识。

（四）综合与实践

综合与实践是小学数学学习的重要领域之一。学生将在实际情境和真实问题中，运用数学和其他学科的知识与方法，经历发现问题、提出问题、分析问题、解决问题的过程，感悟数学知识之间、数学与其他学科知识之间、数学与科学技术和社会生活之间的联系，积累活动经验，感悟思想方法，形成和发展模型意识、创新意识，提高解决实际问题的能力，形成和发展核心素养。

综合与实践主要包括主题活动和项目学习。第一、第二学段主要采用主题活动，第三学段可适当采用项目学习。主题活动分为两类：第一类是融入数学知识学习的主题活动。在这类活动中，学生能够学习和理解数学知识，感悟知识的意义，内容主要涉及量、方向与位置、负数等知识。第二类是运用数学知识及其他学科知识的主题活动。在这类活动中，学生将综合运用数学知识解决问题，体会数学知识的价值，以及数学与其他学科的关联。

在主题活动中，学生将面对现实的背景，从数学的角度发现并提出问题，综合运用数学和其他学科的知识与方法，分析并解决问题。

项目学习的设计以解决现实问题为重点，综合应用数学和其他学科知识解决问题，引导学生体会数学知识的价值，以及数学与其他学科的关联。

三、小学数学课程资源的开发

（一）课程资源的含义

课程资源是指有利于实现课程目标的各种因素，既包括课程素材或课程来源的经验、知识、技能、情感、态度、价值观等素材性资源，又包括师资、教学设施、设备、环境等决定课程实施范围和水平的条件性资源。如何开发利用课程资源，防止课程资源出现被闲置、埋没和浪费的情况，这对小学数学教师提出了更高的要求。

（二）课程资源开发与利用的原则

课程资源开发与利用的宗旨是反映教学目标、社会需求、学习内容和师生的心理需要。因此，只要有利于实现教学目标，满足学生兴趣爱好，符合学生年龄特点，促使学生主动学习、和谐发展的资源都可以被开发和利用。但要注意体现三个原则：需要性原则、适应性原则和实效性原则。

（三）课程资源开发与利用的思路

课程资源的开发与利用包括对教材内容的开发和利用，对学生内部经验的开发和利用，对实践活动的开发和利用，以及对信息技术的开发和利用。

第三节　小学数学的学习过程

一、小学数学学习的含义与特点

（一）学习与小学数学学习

1. 学习的含义

广义的学习指人和动物在生活过程中，凭借经验而产生的行为或行为潜能相对持久的变化。

狭义的学习指学生的学习，是学生在教师的指导下，有目的、有计划、有组织地进行的，在较短的时间内接受前人所积累的文化科学知识，并以此来充实自己的过程。

人类的学习有以下特性。

（1）学习是掌握间接经验的过程。

（2）学习是在有计划、有目的和有组织的情况下进行的。

（3）学习具有一定程度的被动性。

2．小学数学学习的含义

小学数学学习是指小学生在教育情境中通过获得数学知识经验而引起的持久的行为、能力和倾向变化的过程。具体可以认为在学校教育的条件下，教师按照预定的数学课程目标，发挥各种教育资源的作用，借助多种形式的教学活动促使学生在数学知识和技能、数学能力或智慧以及情感态度、品德等方面发生相对持久的变化。

（二）小学数学学习的特点

小学数学学习作为一门具体学科的学习过程，既具有人类学习和学生学习的共同特点，也具有反映其个性的特点。具体来说，小学数学学习主要具有以下特点。

1．小学数学学习是逐步抽象概括，学习"数学化"的过程。

2．小学数学学习是对人类已有知识"再发现"的过程。

3．小学数学学习是进行初步思维训练的过程。

4．小学数学学习过程中虽然有共同的规律可以遵循，但仍存在差异。

二、小学数学的学习理论

（一）行为主义学习理论

行为主义学习理论的主要代表人物是桑代克和斯金纳。

1．桑代克的"尝试—错误"理论

心理学家桑代克是行为主义的重要代表，他从动物实验开始进行研究，然后探讨人的学习。他认为，通过条件反射，特定的刺激将和特定的反应联系起来，形成"联结"。[①] 因此，学习的过程就是尝试与改正错误的过程。桑代克的"尝试—错误"理论对小学数学学习的启示如下：

（1）学生的学习在一定程度上表现为"尝试—错误"的过程，只不过学生的"尝试—错误"是有目的、有意识的。

（2）要培养学生的学习情绪，激发学生的学习动机，引导学生在尝试的过程中应用推理和批判的方法。在概念、原理、法则学习后，要让学生进行必要的重复练习，并在以后的学习中加以应用。

（3）在数学学习前，要让学生做好充分的准备工作。

2．斯金纳的操作性条件反射学习理论

行为主义心理学家斯金纳认为，心理学应研究可以观察到的外显行为，而不是行为的内部机制。他比较重视分析行为本身，认为学习是一个"刺激—反应—强化"的过程。在此过程中，重要的不是刺激，而是强化。强化在一个反应行为后出现，就能对反应做出影响，增强这种反应再发生的可能性或趋势，它可以改变行为，推动学习。斯金纳操作性条件反射学习理论对小学数学学习的启示如下：

（1）应有效运用以"小步子"为特色的程序教学模式，即把复杂的内容分解为几个简单的内容，然后"各个击破"。

（2）要想推动学生进行有效的数学学习，就要对学生的学习效果及时做出评价，特别是正面的评价。

行为主义者基本上都是从外部来研究人的心理和行为，对人的内部思维过程不进行探讨。但是，即使个体的外在行为表现相同，他们内部的思想态度差异也会很大，而内部的思想态度才是学习的实质所在，学

---

① 王俊菊. 小学数学课堂有效教学研究［M］. 成都：电子科技大学出版社，2015：32.

习的本质应是行为潜能的变化。

(二) 认知主义学习理论

认知主义认为，要想恰当地说明学习，必须对学生头脑中的心理过程和内部机制加以推测和分析。认知主义学习理论的代表人物有柯勒、皮亚杰、布鲁纳、奥苏贝尔、加涅等。

1. 柯勒的格式塔心理学理论

格式塔心理学也称为完形心理学，其学习理论又称"顿悟说"。格式塔心理学理论对小学数学学习的启示如下：

（1）要重视培养学生的直觉思维和顿悟能力。

（2）注意引导学生对学习情境的整体性了解，要重视学生的认知准备和情绪准备。

2. 皮亚杰的发生认识论

儿童心理学家皮亚杰是认知学派的主要代表人物之一，他一生最重大的贡献就是创立了发生认识论的理论体系，研究了儿童认知的发展过程。皮亚杰的发生认识论对小学数学学习的启示如下：

（1）要重视动作和感知等直观活动，让学生先形成丰富的数学知识表象，再进行抽象概括。

（2）不要急于将小学数学学习的内容符号化，要防止学生的学习陷入缺乏真正理解的困境。

3. 布鲁纳的认知—发现学习理论

教育心理学家布鲁纳认为，学习不是被动地形成"刺激—反应"的机械联结，而是主动地形成认知结构的过程。在学习中存在一个认知过程，学习通过认知获得意义和意向。布鲁纳的认知—发现学习理论对小学数学学习的启示如下：

（1）要重视学生数学学习的认知过程，强调认知结构的形成。

（2）倡导发现学习，充分发挥学生的主体性，这有利于激发学生的学习兴趣。

4. 奥苏贝尔的认知—接受学习理论

教育心理学家奥苏贝尔致力于有意义的言语材料学习研究，并建立了认知—接受学习理论。奥苏贝尔的认知—接受学习理论对小学数学学习的启示如下：

（1）小学数学教学要全面优化教材结构，使小学数学教材内容更具有逻辑意义，为学生的意义学习提供保证。

（2）小学数学教学要为学生创设恰当的学习情境，激发学生的学习兴趣和动机，让他们具有积极主动地参与数学学习的心理倾向。

（3）小学数学教学要注意引导学生综合运用有意义的接受学习和发现学习两种方式进行学习，通过二者的有机结合，使学生在接受学习中有所发现，在发现中更好地接受和掌握数学知识。

（三）人本主义学习理论

人本主义心理学家认为，心理学应该探讨的是完整的人，而不是把人的各个从属方面（如行为表现、认知过程、情绪障碍）割裂开来加以分析。[①] 真正的学习经验能够使学生发现自身独特的品质，发现自己作为一个人的特征。人本主义学习理论对小学数学学习的启示如下：

1. 数学教学应"以人为本"，改变学科本位观。

2. 要创设真实的问题情境，促进学生进行有意义的学习。

3. 数学教学中应注重对学生情感态度与价值观的培养，体现数学的文化教育功能。

4. 注重学生的自我评价，提倡反思性学习和元认知的培养。

（四）建构主义学习理论

建构主义学习理论是认知主义心理学理论的进一步发展，它强调学习是由学生自己决定的，学习具有主动性、社会性和情境性。建构主义

---

① 陆芳，刘广，詹宏基，等. 数学化学习 ［M］. 广州：华南理工大学出版社，2018：4.

学习理论认为，学生要对知识形成深刻的、真正的理解，就意味着学生所获得的知识是结构化的、整合的，而不是零碎的、只言片语的。[①] 学生结合自己原有的经验体系来学习与探索新知识，将所学知识的不同部分联系起来，将新知识与原有的知识经验联系起来，将所学的知识与自己日常的直觉经验联系起来，看它们是否一致，以此解决它们之间的冲突；而且学生要依照知识之间的逻辑联系，以基本原理和概念为核心，形成良好的、统一的经验体系（知识结构），而不只是在头脑中建立一个个单独的"储藏室"。

建构主义的主要观点如下：

第一，学习不是对于教师所授予的知识的被动接受，而是学生以自身已有的知识和经验为基础的主动建构的活动。学生不应该被看成是一张可以任意被涂上各种颜色的白纸或是一个可以任意被装进各种东西的容器。

第二，学习是学生以自己的经验和观点来构建客观世界，获得对客观世界的理解并赋予其意义的过程。这个重新构建的过程主要依靠"同化"和"顺应"。

第三，学生是学习活动的主体，教师在建构知识的过程中不是知识的分配者，而是学习活动的共同参与者，教师关注的重点不是教材而是学生的认知过程。

建构主义学习理论对小学数学学习的启示如下：

1. 要充分发挥学生学习的自主性。

2. 研究认知结构的变量，促进学生主动建构知识。

3. 强调打好数学基础和注重数学理解。

4. 把握好对学生学习指导的"度"。

5. 数学教学要紧密联系学生的生活实际，淡化形式，注重实质。

---

① 陈雯. 解析小学数学学习路径 [M]. 长春：吉林大学出版社，2020：150.

三、小学数学学习的一般过程

小学数学学习的过程是新的学习内容与学生原有的数学认知结构相互作用，从而形成新的认知结构的过程。认知结构是人们在对客观事物的感知和理解的基础上在头脑中形成的一种心理结构。小学数学学习的一般过程分为三个阶段：习得阶段、保持记忆阶段、提取应用阶段。

（一）习得阶段

习得阶段的任务是给学生提供新的学习内容，创设适当的学习情境。创设学习情境的关键是使学生原有的认知结构与新的学习内容之间产生适当的认知冲突，从而引起学生的学习需要，激发其学习动机；然后通过同化和顺应两种基本形式，使学生原有的数学认知结构与新的学习内容之间相互作用，从而达到感知和获取知识的目的。

（二）保持记忆阶段

学生习得数学知识之后，要想长久保持，就要通过练习、复习等活动，使所学的知识得到巩固，形成初步的知识结构。从数学学习的心理上说，良好的认知结构便于记忆。所以，教师要想使学生积累更多的知识，就必须在帮助学生形成良好的知识网络方面下功夫。

（三）提取应用阶段

在习得阶段注重对学习材料的理解，学生在学习一段时间后注重复习，整理知识，形成知识网络。如此一来，在进行记忆提取时就可以"纲举目张"了。这是信息加工理论对人类记忆、检索知识心理机制的解释。通过解决问题，学生可以将新学习的知识纳入原有的数学认知结构，使自身运用数学知识解决问题的能力得到进一步的提高。

四、小学数学知识的学习过程

小学数学知识是小学数学技能和能力形成的基础，也是小学数学学习的主要内容。小学数学知识主要包括数学概念、数学规则、数学问题解决的方法等。

（一）数学概念的学习过程

数学概念是人对客观事物中有关数量关系和空间形式方面本质属性的抽象。概念反映的所有对象的共同本质属性的总和，叫作这个概念的内涵，又称含义。概念所指的对象的全体，叫作这个概念的外延，又称范围。

学习概念的过程，就是对客观事物的本质属性进行抽象概括的过程，也是舍弃事物非本质属性的过程。所以，学生学习概念的过程就是对同类事物的本质属性不断进行辨别的过程。小学生学习概念，一般有概念形成与概念同化两种基本形式。

1. 概念形成

就人类认识来说，概念形成是一种发展过程，也就是在对事物感知、分析、比较和抽象的基础上，概括一类事物的本质属性，不断提出假设与验证假设的过程。在教学条件下，概念形成是指从大量的具体例子出发，以学生的感性经验为基础，形成表象，进而以归纳的方式抽象出事物的本质属性，提出各种假设加以验证，从而获得初级概念，再把这一概念的本质属性推广到同一类事物之中，并用符号表示。

例如，小学生对自然数的认识过程，基本上是重复人类数的形成的历史。以 2 的认识为例，学生先是认识 2 辆拖拉机、2 根小棒、2 颗珠子、2 个小木块、2 朵红花等，这时的数和物之间呈现出一一对应关系，然后排除形状、颜色、大小等非本质属性，仅仅从数量关系的角度，把数 "2" 从这些具体的实物中抽象出来，还能自己举例说出许多其他用 "2" 表示的实物，并能用符号 "2" 表示。

概念形成需要内部与外部两方面的条件，内部条件是学生积极地对概念的正反例证进行辨别，外部条件是教师必须对学生提出的关于概念的本质属性的假设做出肯定或否定的反应。学生就是通过从外界获得的反馈信息进行不断选择，从而概括出概念的本质属性。

2. 概念同化

概念同化就是利用学生认知结构中原有的概念，以定义或描述的方式直接向学生揭示新概念的本质属性，进而使学生获得概念的过程。也就是以间接经验为基础，利用学生已掌握的概念去学习新概念的过程。

概念同化也需要外部和内部两方面的条件。外部条件是新学习的概念必须与学生原有认知结构中的某些概念或表象有密切的联系，内部条件是学生拥有有意义学习的意向。

概念同化能够沟通新概念与原认知结构中有关概念的联系，明确它们的区别，使新概念与原概念得到精确分化和融会贯通。这样，新概念就被纳入原认知结构，形成了内容更为丰富，也更为完善的新认知结构。

3. 概念形成与概念同化的比较

概念形成主要依靠对具体事物的抽象概括，概念同化则主要依靠学生对新旧知识的联系；概念形成更接近于人类自发形成概念的方法，而概念同化是拥有一定知识水平的人在已有概念的基础上学习新概念的主要方式。

首先，从学习过程来看，概念形成主要依靠对具体事物的抽象，通过对正反例证的不断辨析，提出假设，并进行检验，最后发现概念的本质属性；而概念同化主要依靠新旧知识的联系，判别学习的概念与原有认知结构中有关概念的异同，并组成概念的网络系统。

其次，从适用情况来看，概念形成往往与人类自发形成的概念相近，适用于低年级，且尤其适用于几何知识的学习。原始概念和一些层次较低的概念一般采用概念形成的方式，也就是凭借事物的具体形象和表象进行抽象。概念同化则是具有一定知识水平的学生学习概念的方式，比较适合中高年级。对于发展性概念，一般采用同化的形式，随着年龄的增长，学生认知结构中的知识不断积累，智力不断发展，学生应借助已有的概念去认识新的概念。在课堂教学条件下，概念同化逐渐成为学生获得新概念的主要方式。教师在引入概念时，要充分了解学生的已有知识，使新概念在已有的概念中精确深化，产生新的认识，即在旧概念的基础上引入新概念。

值得注意的是，在实际教学过程中，由于小学生的逻辑思维在很大程度上需要具体形象的支持，因此在以概念同化为主的学习中，往往也要结合概念形成的过程。

4. 概念学习应注意的问题

数学概念学习是数学学习的基础，在数学学习中占十分重要的地位。教师在引导学生学习概念时，要注意以下几个方面。

(1) 注意选择学习新概念的感性材料和经验。

(2) 注意概念教学的阶段性和连贯性。

(3) 帮助学生形成概念系统。

(4) 注意在概念教学中培养学生的思维能力。

(二) 数学规则的学习过程

数学规则是两个或两个以上数学概念之间固有关系的叙述。在小学数学学习内容中，数的四则计算法则、运算定律与性质、计算公式等，既是现实世界数量关系和空间形式及其计算规律的概括与总结，又是有关计算过程实施细则的具体规定，都符合数学规则的定义。因此，学生对这些内容的学习称为数学规则的学习。

数学规则的学习是数学技能形成的前提，不但可以促进学生智力的发展，而且可以培养学生的规则意识。由于数学规则反映的是几个数学概念之间的关系，因此其学习层次和复杂程度高于概念学习。

1. 数学规则学习的分类

数学规则学习的关键是对数学概念之间的关系有所理解，而对数学概念之间关系的理解又依赖于新规则与原有认知结构中有关知识的联系。新规则和原有认知结构中知识的关系可以分为下位关系、上位关系和并列关系三种，因此数学规则的学习也可以分为以下三种基本形式。

（1）下位学习

如果新规则在层次上低于原有认知结构中的有关知识，那么新规则和原有认知结构中的有关知识就构成下位关系。此时，新规则可以直接和原有认知结构中的有关知识发生联系，直接纳入原有认知结构中，充实原有认知结构，这样的学习叫作下位学习。

（2）上位学习

如果新规则在层次上高于原有认知结构中的有关知识，那么新规则和原有认知结构中的有关知识就构成上位关系。此时，新规则中概念之间的关系是通过归纳、概括比它层次低的已有知识获得的。这就是说，要通过对已有知识的归纳、综合与概括，将原有的认知结构改变为新的认知结构，这样的学习叫作上位学习。

由于上位学习必须通过改造原有的认知结构才能完成，因此一般来说，上位学习比下位学习更困难。在上位学习中，新规则与原有的认知结构作用的方式是顺应。

（3）并列学习

如果新规则与原有认知结构中的有关知识有一定联系，但既不处于下位，也不处于上位，就称它们为并列关系。此时，学习新规则的关键在于寻找新规则与原有认知结构中的有关知识之间的联系，使它们在一定意义上进行类比，这样的学习叫作并列学习。

2. 数学规则学习的两种主要形式

小学数学规则学习有两种基本形式：例—规和规—例。

（1）例—规

例—规是指先呈现规则的若干肯定例证，然后从例证中概括出一般结论，从而获得规则的方法。小学数学学习中，大多数规则的学习都采用这种形式。

（2）规—例

规—例是指先推导出要学习的规则，然后用实例说明规则的方法。

3. 数学规则学习的一般过程

数学规则学习属于程序性知识学习的范畴，它的学习遵循程序性知识获得的规律，因此，不论是下位学习、上位学习，还是并列学习，都符合程序性知识学习的一般过程。其一般过程如下：

（1）通过原有的规则或者概念间的关系得到新规则的含义和规定。

（2）通过基本练习，掌握新规则。学生习得规则，不仅要知道规则是什么，还要能利用规则去解决问题，这个过程是知识转化为技能的过程，因此需要进行必要的练习，在练习中加深对规则的理解。

（3）通过变式练习，使规则达到自动化。数学规则习得的标志是能够熟练地利用它们进行运算或推理，而熟练就是要使规则的运用过程达到自动化的程度，这需要通过变式练习才能达成。

4. 数学规则学习应该注意的问题

学生在学习数学规则时应注意以下问题。

（1）理解数学规则的推导与总结过程。学生在学习规则时，不仅要懂得各个数学规则是怎样规定的，还要懂得为什么这样规定，以此明确数学规则规定的合理性和必要性。

（2）在解决问题中理解和掌握规则。

（3）掌握不同数学规则之间的关系，明确它们之间的区别和联系。

（三）数学问题解决的学习过程

数学问题解决是学习数学概念、规则后的自然延伸，是一种运用数学概念和规则对内调控的技能；是个体调控自己的数学认识活动以提高数学认知操作水平的能力；本质上也是一套做事的操作步骤和过程。因此，数学问题解决的学习是一种策略性知识的学习。

1. 数学问题的含义

数学问题是指不能用现成的数学经验和方法解决的一种情境状态。小学数学中那些反复操练的常规应用题不能算作问题。

2. 数学问题解决及其特征

数学问题解决是指学生在新的情境状态下，运用所掌握的数学知识对面临的问题采用新的策略和方法以寻求问题答案的一种心理活动过程。

数学问题解决是以思考为内涵、以问题目标为走向的心理活动过程，其实质是运用已有的知识去探索新情境中的问题结果，使问题由初始状态达到目标状态的一种活动过程。与其他一般问题的解决一样，小学数学学习中的问题解决也具有以下基本特征。

（1）数学问题解决指的是学生初次遇到的新问题。如果是解以前解过的题，对学生来说就不是问题解决了，而是做练习。

（2）数学问题解决是一种积极探索和克服障碍的活动过程。它所采用的途径和方法是新的（至少其中某些部分是新的），这些方法和途径是已有数学知识和方法的重新组合。这种重新组合通常构成一些更高级的规则和解题方法，因此，数学问题解决的过程又是一个发现和创新的过程。

（3）数学问题一旦得到解决，学生通过问题解决过程获得的解决问题的方法就成为他们认知结构的一个组成部分，这些方法不仅可以直接用来完成同类学习任务，还可以作为进一步解决新问题的已有策略和方法。

3．数学问题解决的一般学习过程

小学生问题解决的一般学习过程主要包括以下几个步骤。

（1）认清问题。

（2）分析问题。根据已知的数量关系和条件，了解问题各部分和问题之间的关系，从而为下一步制订计划打下基础。

（3）制订计划。这是关键的一步，学生必须决定如何解决这个问题，也就是学生需要制订一个解题的计划或策略。

（4）执行计划。执行计划就是将计划付诸行动。

（5）进行反思。反思是"解答问题"学习活动中的一个重要步骤，它是对解决问题过程的"评估"。一旦问题解决了，就应该让学生坐下来，反思在这个过程中他们做了什么。

第二章 小学数学教学的方法与手段

第一节 小学数学教学方法的含义和种类

一、小学数学教学方法的含义

什么是教学方法？一般认为，教学方法是指为了达到教学目的、完成教学任务，在一定的教学理念和教学原则指导下，根据特定的教学内容，师生共同实施的一种有序的活动方式，是师生在教与学双边活动过程中为有效完成一定的教学目的和任务所采用的方式和手段的总称。它既包括教师教的方法，又包括学生在教师指导下的学习方法；既注重学生的主体地位与师生的相互作用，又体现出教师对教学工具和手段的综合运用。

小学数学教学方法是一种具体学科的教学方法，它是从属于一般教学方法的一个下位概念，既具有一般教学方法的共同属性，又具有小学数学学科教学的个性特点。它是在数学教学过程中，师生为了达到教学目标，完成教学任务，根据小学数学教学规律和原则，以特定的数学教学内容为中介，共同实施的一种融步骤、手段和技术于一体的相对系统的教与学的活动方式。

课堂教学过程是在教师、学生和教学内容三大基本要素的交互作用下产生的。为了实现教学目标，这三大要素的交互作用需要科学的教学方法和手段来引导、调节和安排。小学数学的教学方法可以根据不同的标准分为不同的类型：根据课堂教学的主体，可分为学生自主型教学方法、共同解决型教学方法和教师主导型教学方法；根据教授知识的形态，可分为讲解法、谈话法、演示法、讨论法、操作实验法、练习法和复习法。以上这些方法统称为基本教学方法。

事实上，各种教学方法都有它自身的长处和局限性，也有一定的运用条件和适用范围。不可能有某一种或某几种教学方法普遍适用于一切教学场合。这就体现了小学数学教学方法的相对性。教师在教学时，很少只用一种教学方法来完成教学任务，更多的是一法为主，多法并用，相互补充，综合运用。因此，教学方法是一个变化的和综合的概念。

二、常见的小学数学教学方法

从学生获得知识的独立程度来看，小学数学的基本教学方法可以分为三类：①教师要进行较多的组织，学生活动较少，如讲解法、演示法、复习法；②教师进行必要的组织，学生活动较多，如谈话法、讨论法、练习法；③以学生的独立活动为主，如阅读法、实验法、实习法。

经过长期的教学实践和探索，许多具体的且行之有效的教学方法被提炼和总结出来，共同构成了小学数学教学中基本的、常见的教学方法。

（一）叙述式讲解法

叙述式讲解法是指通过教师的口述和示范，向学生描绘情境、叙述事实、解释概念、论证原理或阐明规律的一种教学方法。这种教学方法的特点是教师能系统地、清晰地将知识教授给学生，并使学生在学好知识的同时，也逐渐形成分析、推理等能力。

教师在运用这种教学方法的过程中，有三点必须引起注意：第一，教师的讲解不等于教师简单地讲和学生被动地听；第二，教师要善于"设疑"和"质疑"，这样才能引发学生思考；第三，教师不能仅从概念出发进行讲解，而应最大限度地从学生的经验出发，创设有效的情境，以此来帮助学生探索和思考。

（二）启发式谈话法

谈话法是教师根据学生已有认知结构设疑、启发、提问学生，并通过对话探讨新知识，得出新结论，从而使学生获得知识的一种教学方法。它的形式是师生对话，核心是启发学生思维，提高学生思维的积极性、主动性和灵活性。

1. 谈话法的特点

谈话法的特点包括：①师生双向交流，反馈及时。教师的教学意图可以通过提问或反应传递给学生，学生的回答又反映了他们认知结构的变化状况，便于教师采取进一步措施；②操作灵活，可变性强。教师根据学生的认知发展水平的不同可及时改变提问方向和深度，调整信息流量，便于引导学生抽象概括，得出所教概念或法则的结论；③容易建立新、旧知识的联系。通过师生谈话，学生可较快地找到新知识与原有认知结构的联系点，并结合自己的经验、观念对所学的知识进行分析、比较、抽象、概括等一系列思维过程，然后将其纳入自己的认知结构中；④教学过程始终处在一种愉悦的氛围之中。教师通俗易懂的语言，精心设置的提问，逻辑严密的叙述，能使学生处于一种奋勉状态，引起学生积极的智力活动，使学生保持较大的学习兴趣；⑤通过师生问答，可以锻炼学生数学语言的表达能力，发展他们的逻辑思维能力，为进一步学习打下基础。

2. 谈话法的准备

运用谈话法进行教学，教师首先要树立学生主体观。这是因为教师的教只有通过学生的学才能发挥作用。学生知识的增长、智能的发展和良好思想品德的形成主要取决于学生学习的主动性和积极性的发挥。运用谈话法时，教师必须做好以下准备工作。

（1）通过课前工作了解学生的认知发展水平。教师只有掌握学生原有的认知结构基础，才能进行有针对性的谈话。教师应在课前通过日常观察，课堂提问，批改学生作业、试卷等方式了解学生现有的认知水平和经验，了解应提供哪些准备知识。例如，学习通分，必须掌握分数的性质及同分母分数大小的比较；学习体积，必须掌握面积知识；学习百分数，必须掌握分数的知识。

（2）寻找新、旧知识的联系点，确定突破口。在备课时，教师应切实了解新知识是建立在什么旧知识基础上的，新旧知识的联系点是什么。比如，学习分数的基本性质，学生必须掌握同分母、同分子分数比较大小，而对于分子、分母全不相同的分数学生就束手无策。这就是新旧知识的联系点，通过它引出分数的基本性质，进而转化为同分母分数问题。

（3）精心设问。设问是能否成功运用谈话法的关键，因为小学数学教学都是由分析、解决问题而发生、展开和达到目的的。教师在设问时应注意以下几点。

①问题要明确，有针对性。教师所提出的问题要具体准确、难度适宜，尽量避免提问简单化或暗示性的问题。

②要在知识的关键处设问。为达到教学目的，教材的重点、难点都是提问的关键，这样的问题能引导学生深入知识的本质。

③问题要具有启发性，能够联系学生原有的认知结构，使学生产生一种强烈的回答问题的欲望。

④问题要有系统性。根据教学目标和教学内容顺序精心编排问题，组成问题系列，诱导学生去发现和寻找知识之间的内在联系，将所学知识与方法系统化、模式化。

3. 谈话法的运行过程

谈话法的运行过程由三个环节组成：教师提问，倾听学生回答，教师做出反应。

（1）教师提问。根据事先设计、编排好的问题启发学生思维，教师在提问过程中要注意三点：第一，要面向全体学生，不要总是提问那些学习成绩好的学生，使大多数学生成了"陪读生"，要让不同水平的学生都有发言的机会；第二，教师提问要有层次性，要根据学生的认知发展水平，在一般性提问之后，提出一两个认知层次高的问题，引导学生做更深入的分析，不应总在同一认知层次上重复；第三，提问形式要多样化，可以从正面、反面、侧面等不同角度设疑。

（2）倾听回答。学生的回答是启发式谈话的一个重要组成部分，也是教师决定下一步教学导向的依据，因此教师必须认真听取。这不仅是技术问题，还是学生主体意识的触发点、巩固点，这一步成功与否直接影响启发式谈话的效果。教师在提问之后不要立即让学生回答，而应给他们一点思考的时间。这样可以使头脑反应快的学生的意见更为成熟，也可以使那些头脑反应较慢的学生得到发言的机会。教师要有耐心，让学生把话说完，尤其是当学生的回答与自己预想不一致时要格外注意，并反思是学生想错了还是自己未考虑周全，即使是学生想错了，也要让他讲完，千万不要半路打断，否则会打击学生的积极性。教师在倾听的同时要进行分析判断：这个学生的回答是不是大多数学生的意见，出现错误的根源在什么地方；一种别出心裁的意见是否合理，有多少合理程度。教师要尊重学生，在学生回答时，要通过表情或肢体语言鼓励学生大胆说下去，让学生感到教师十分注重他的意见。在一名学生回答结束后，教师不要急于表态，要延迟几秒钟做出反应，一是让发言者有时间回忆所说内容并做出必要的补充；二是让其他学生有时间做出自己的分析判断。这短短的几秒钟有时会引出更加成熟的意见。

（3）做出反应。根据系统论原理，教师的反应是对学生反馈的一种调控，是保持系统正常运行的必要手段。教师只有对学生的回答做出必要的反应和评价，才完成了一个问题单元的教学。因此，教师要做到：首先，反应要及时，尤其对错误的意见要及时纠正，决不可让错误"先入为主"；其次，评价要科学，不能信口开河，随心所欲，这要求教师应事先做好充分估计与准备，即使学生的回答出乎意料，也要充分考虑之后再给予评价，对于含糊不清的地方宁可等想好再说，也不要说些模棱两可的话搪塞学生。

（三）演示法

演示法是教师通过向学生呈示（如呈示实物或模型等）或演示（如

演示对象的发生或对象的运动规律等），让学生去观察，从而使学生发现对象的本质特征的一种教学方法。在教学过程中，呈示或演示仅仅是手段，学生通过自己的观察、思考、辨析、讨论，进而概括出对象的本质特征才是目的。

在这种教学方法的运用过程中，有三点是必须引起注意的：第一，教师的呈示或演示要有典型性，使对象的特征能明显地显现出来；第二，教师在呈示或演示之前，要给学生明确具体的观察和思考任务，让学生带着问题去观察；第三，在呈示或演示的过程中，往往会伴随着对话，这种对话不是简单的"是"与"不是"，而要具有一定的思考性。

（四）实验法

实验法是通过学生的尝试操作来概括出对象典型本质特征的一种教学方法。小学数学中的实验主要包括验证性实验和探索性实验。验证性实验的主要特点是在学生已有的一定经验或已经初步构建的对象认识的基础上，通过验证性操作，让学生进一步体验知识的内涵，从而真正抓住对象的本质特征；探索性实验的主要特点是让学生对问题情境进行探索性操作，通过观察、实验和思考，发现并概括出对象的本质特征。在课堂学习中采用哪一种实验，主要取决于内容特征和学生特征这两个要素。

在这种教学方法的运用过程中，有两点是必须引起注意的：第一，无论是验证性实验还是探索性实验，都是学生自己的主体性行为，因此，对于学生操作的方法、过程和手段，要留有一定的开放性，以适应不同学生的学习水平、学习方式和学习策略；第二，无论是验证性实验还是探索性实验，都必须引导学生把观察和思考的注意力指向操作的过程，而不是一味地指向结论。

（五）练习法

练习法是指学生在教师的引导下，通过独立或小组作业，进一步理解并掌握知识，最终形成基本技能的一种教学方法。一般而言，学生对某一个数学知识，从认识到掌握，通常不能仅靠对一个例题的剖析而形成清晰和稳定的认知结构，还需要一定量的训练来加深理解，巩固知识，形成一定的技能，使已有的知识系统化。

在这种教学方法的运用过程中，必须注意以下两点。

1. 练习不等于机械地重复

不能将练习法简单地理解为大量的、机械式的"题海战"，而是要讲究联系的科学性。科学性至少包含以下几个特征。

(1) 练习要有针对性。针对知识的重点和难点要有不同的设计；针对学习中显露出来的、具有共同性的问题要有不同的设计；针对不同程度的学生要有不同的设计。

(2) 练习要有层次性。练习的设计要有梯度，如从模仿性学习开始，到变式练习、对比练习，再到综合练习，然后发展到跟进练习和开放练习等，要引导学生由浅入深、循序渐进地加深理解，形成技能，发展数学思维。

(3) 练习要有多样性。练习既可以是书面作业，也可以是口头作业；既可以是解答性作业，也可以是设计性作业、解释性作业、制作性作业等；既可以是独立作业，也可以是小组作业；既可以是课堂内的活动，也可以是课堂外的活动。

2. 应具有明确的练习目标

首先，教师和学生都要在练习之前明确练习的目的，知道需要做什么，希望达到什么样的目的。其次，要依据期望达到的不同目标，设计不同的练习内容和练习形式。例如，当目标主要追求的是个体对既定知识与技能的形成与掌握时，可以较多地采用口答、判断、选择、计算以及应用题等形式；当目标主要追求的是个体在完成任务的过程中的多种表现时，可以较多地采用设计、解释、游戏、调查、竞赛等形式。最后，在学习的不同阶段有不同的练习目标，因而也要有不同的练习设计。例如，在学习的开始阶段，往往较多设计准备练习，其主要目的是唤起原有的经验和知识，形成认知冲突或揭示新旧知识间的联系；在知识的习得阶段，往往较多设计巩固练习，其主要目的是加深对知识的理解，掌握并能正确运用知识；在学习后期阶段，往往较多设计综合练习，其主要目的是促进原有的知识与新学的知识系统化和结构化，形成相应的解决数学问题的能力。

（六）发现法

发现法是由当代著名教育家、认知心理学家布鲁纳在 20 世纪 50 年代至 60 年代初所倡导的一种教学方法。

1. 发现法的基本含义及特点

发现法是指教师不直接把现成的知识传授给学生，而是引导学生根据教师和教科书提供的课题与材料，积极主动地思考，独立发现相应的问题和法则的一种教学方法。

发现法与其他教学方法相比较，有以下几个特点。

（1）发现法强调学生是发现者，让学生自己去发现和认识，自己求出问题的答案，而不是教师把现成的结论提供给学生，使学生成为被动的信息接收者。

（2）发现法强调学生内在学习动机的作用。学生最好的学习动机莫过于他们对所学课程具有内在的兴趣。发现法符合小学生好玩、好动、好问和喜欢追根求源的心理特点，遇到新奇、复杂的问题，他们就会专心、积极地去探索。教师在教学中应充分利用学生的这一特点，利用新奇、疑难和矛盾等引发学生的认知冲突，促使他们产生强烈的求知欲望，主动地去探究和解决问题。

（3）发现法使教师的主导作用表现为潜在的、间接的力量。由于该法是让学生运用已有的知识和教师提供的各种学习材料、直观教具等，自己去观察，用自己的头脑分析、综合、判断、推理等，亲自去发现事物的本质规律，因此在这个过程中教师的主导作用是潜在的、间接的。

2. 发现法的主要优点及其局限性

发现法主要有以下几个优点。

（1）可以使学生学习的外部动机转化为内部动机，增强学生学习的信心。

（2）有助于培养学生解决问题的能力。由于发现法经常练习怎样解决问题，因此能使学生学会探究的方法，能培养学生提出问题、解决问题的能力和认真钻研的态度。

（3）有助于挖掘学生的潜能，培养学生优良的思维品质。

（4）有利于学生对知识的记忆和巩固。在发现学习的过程中，学生可以就已有的知识结构进行内部改组，使已有的知识结构与要学习的新知识更多地联系起来，这种系统化和结构化的知识，更加有助于学生的理解、巩固和应用。

发现法也有一定的局限性，主要表现在以下几个方面。

（1）就教学效率而言，使用发现法需要花费的时间比较多。因为学生获得知识的过程是一个再发现的过程，一切真理都要由学生自己去获得或者重新发现，而不是由教师直接告诉学生，所以花费的时间比较多。

（2）就教材的内容而言，它的适用是有一定范围的。发现法是研究具有严格逻辑的数学、物理、化学等学科的教学方法，以感情为基础的人文学科是不适用的。就适用的学科而言，也只适用于概念和前后有联系的概括性知识的教学，如求平均数、运算定律等，而概念的名称、符号、表示法等，仍需要由教师来讲解。

（3）就教学的对象而言，它更适用于中、高年级的学生。这是因为发现学习必须以一定的基础知识和经验为发现的前提条件，而年级越高的学生，独立探索的能力也就越强，所以并非所有的教材内容和教学对象都适用发现法教学。

（七）尝试教学法

尝试教学法是小学数学教学方法中影响比较大的教学方法，是一种具有中国特色的教学方法。尝试教学法的基本思路是：教学过程中，不是先由教师讲，而是让学生在旧知识的基础上先进行尝试练习；在学生尝试的过程中，教师指导学生自学课本，引导学生讨论，在学生尝试练习的基础上，进行有针对性的讲解。它与普通的教学方法的根本区别就在于改变了教学过程中"先讲后练"的方式，以"先练后讲"的方式作为教学的主要形式。

1．尝试教学法的基本程序和课堂教学结构

尝试教学法的基本程序包含五个步骤，即出示尝试题、自学课本、尝试练习、学生讨论和教师讲解。

（1）出示尝试题。尝试题一般是与课本上的例题相仿的题目，是课本上问题的变形。出示尝试题的目的在于激发学生的学习兴趣，使学生明确这节课所学习的内容。

（2）自学课本。在学生尝试练习之后，会对这些问题产生一定的兴趣，此时教师要引导学生看一看书上是怎样讲的这个题目。教师可以提出一些与解题思路有关的问题，如"分母不同怎么办""为什么要通分"。通过自学课本，学生可以知道自己对这个问题认识的情况，教师也可以了解学生学习中遇到的困难。

（3）尝试练习。学生通过自学课本，对所学的内容有了一定的了解，并且大部分学生对解答尝试题有了办法，这时，教师要再出尝试题让学生试一试。一般采取让学习水平高、中、低三类学生表演，其他同学同时在练习本上做的办法。

（4）学生讨论。在尝试练习时，可能有的同学做得不对，也可能出现不同的做法。教师可以让学生结合自己的解题方法，进行讨论。

（5）教师讲解。学生会做题，并不等于掌握了知识。教师这时可按照一定逻辑，系统地向学生讲解所学的内容。这种讲解是有针对性的，是在学生对所学的内容有了初步认识的基础上，在学生已经通过某种方式学会或部分学会了解题方法时进行的讲解，更能够突出重点。

以上五个步骤是总体上的教学进程，在具体实施的过程中，可能会有一些变化和调整。有时可能需要增加一步或减少一步，也可能将一些步骤互换，但总的路线是"先练后讲"。这五个步骤是尝试教学法在进行新课时所用的。作为一节完整的课，尝试教学法的课堂教学结构包括六个环节：基本训练、导入新课、进行新课、巩固练习（作为第二次尝试练习）、课堂作业和课堂小结。这一教学结构，突出了教学重点，增加了练习时间。

2. 尝试教学法的优越性和局限性

尝试教学法的优越性表现在：①有利于培养学生的探索精神和自学能力，学生在学习的过程中，都想自己试一试，用自己的方法来解决问题；②有利于提高课堂教学效率，教师能充分利用教学中的最佳时间，使学生尽快地进入新内容的学习，并以较多的时间进行尝试性和巩固性的练习；③有利于大幅提高教学质量，这种教学方法具有很强的操作性，教师基本都可以掌握，并且更有利于学生的学习。

尝试教学法的局限性表现在：①需要学生具备一定的数学基础和自学能力，对于低年级学生不适用；②适合后继课的教学，对于新的概念原理的教学不适用；③对于操作性较强的内容不适用。

（八）自学辅导法

1. 自学辅导法的基本含义

自学辅导法是一种在教师的指导和辅导下，以学生自学为主的教学方法。在小学数学教学中运用的自学辅导法一般是指在教师的指导下，学生通过阅读课本，获得知识与技能的教学方法。

2. 自学辅导法的教学程序

自学辅导法在教学中的基本步骤如下：

（1）提出课题。教师可以直接导入新课，也可以在复习有关知识后提出课题，后一种方法更加适合小学生学习的特点。对高年级学生提出课题的同时，还应提供自学提纲，使其带着问题自学，围绕课题的中心问题边读边想，求得问题的解决方法。

（2）学生自学。这一步主要是让学生独立阅读课本，与此同时，教师进行必要的指导。教师要从实际出发，根据不同年级、不同认知水平和教材难易程度选用相应的方式指导学生自学。教师的指导要提纲挈领、简明扼要。

（3）答疑解难。针对学生在自学中出现的问题，教师可以有针对性地进行解答，也可以组织学生进行讨论，互相解答。为进一步提高学生的自学能力，在答疑之后，还可以让学生阅读课本以巩固所学的内容。

（4）整理和小结。由教师出题对学生的学习效果进行检查，如果发现有理解方面的问题要及时补救，还要对所学的内容进行归纳小结。小结时，尽量让学生运用准确的数学语言进行概括，得出结论，逐步培养学生运用数学语言进行表达的能力。

（5）巩固和应用。根据教学内容布置课堂作业，目的是使学生进一步理解和巩固知识，初步形成技能。

3. 自学辅导法的优点

自学辅导法的优点主要包括：能充分调动学生学习的主动性，使学生有更多的机会独立思考，通过自学掌握知识，有利于学生自学能力的培养；这种教法在课堂上基本解决问题，大幅减轻了学生的课业负担；由于学生在课堂上能够及时改正作业中的错误，使得教师有更多的时间备课和研究学生问题，因此有利于提高教学质量；学生可以在课外阅读其他参考书，扩大了知识面，有利于学生全面发展。

自学辅导法是教学思想、教学内容、教学方法的综合，也是基于教材内容进行选择与编排的一种教学方法，因此，可以把它看作一种综合的教学方法。

（九）"探究—研讨"法

1. "探究—研讨"法的基本内容

"探究—研讨"法的基本思路是把教学分为两个大的环节，即"探究"和"研讨"。

第一个环节——"探究"是指在教师的指导下，学生自己去探索。教师为学生提供一定的问题情境和必要的操作材料，让学生自己通过操作，探究问题中各种因素或数量的关系。教师在教学活动过程中，应给予学生适当的指导。在探究过程中，教师为学生提供有结构的材料是一个重要的因素。教师应当结合教学的内容，为学生充分选择学习和研究的材料，如彩色木条、几何拼板等。

第二个环节——"研讨"是给学生充分发表自己意见的机会。学生经过第一个环节，对所研究的问题有了一定的认识。在这个阶段，教师组织学生对自己所看到的、所想到的发表意见。通过交流，学生了解了更多的信息，并且在研讨的过程中，学生互相启发，对所研究的问题有了更全面和更深刻的认识。最后由师生共同找出所学习问题的规律或结论。

在具体的教学过程中，教师可以不受这两个环节的限制，灵活地组织和运用。

2."探究—研讨"法的主要特点

"探究—研讨"法的主要特点是能充分发挥学生的主动性和创造性，教师的主导作用体现在选择恰当的材料和设计有利于学生探究的问题情境等方面。

第二节 小学数学教学方法的选择和优化

教学有法，但无定法，贵在得法。教学方法是多种多样的，没有一种万能的教学方法。在任何情况下，不存在对任何学生都行之有效的唯一的"最佳方法"。因此，从众多的教学方法中选择切合学生实际的方法并进行最佳组合就成为教师开展教学活动的首要任务。

一、教学方法的选择

（一）选择教学方法的依据

教师在教学时，选择哪一种教学方法，取决于许多特定的因素。一般来说，下面几点可以作为基本依据。

1．根据教学目标选择教学方法

各门学科都有一定的教学任务，但教学任务都是对教学内容的高度概括，比较笼统，对选择教学方法仅具有方向意义而无直接决定意义。对教学方法的选择起直接作用的应是教学目标，包括学期的、单元的、课时的教学目标。教学目标将学科教学的一般性任务具体化，便于操作和检测。例如，在一节课内，很难发展学生知识、技能和非智力因素的各个方面，但可以发展其中的某一方面。每一方面的目标，都需要有与该项目标相适应的教学方法。教学目标是靠教师精心设计的，教师在选择教学方法时应充分考虑，选择适合达到教学目标的教学方法。

2．根据学生的特征选择教学方法

教学方法的选择要考虑学生接受的可能性。无论采取什么方法，教学的最后归宿都是学生学会、会学。学生的特征主要包括两个方面，即心理发展水平和知识基础。

不同年龄的学生，其心理发展水平是不同的。对小学生所运用的教学方法与对中学生所运用的教学方法自然有所不同。同样是小学生，对低年级学生和对高年级学生所运用的教学方法也应有所不同：对低年级学生，可以多用演示法、操作实验法并辅之以引导发现法；中年级则用谈话法；高年级适当采用讲解法和自学辅导法。不同教学方法的选择主要取决于学生年龄差异所造成的心理发展水平的差异。

学生的认知结构，即学生已掌握的知识及其构成方式，对新知识的学习具有一定的迁移作用，因此，依据学生原有的知识基础或认知结构选择教学方法也是十分重要的。优秀的小学数学教师，即使教同一年级，对不同的班级所采用的教学方法也是不同的，就是基于这个道理。如果教师要讲的是学生从未接触过的新知识，那么采用谈话法是不行的；但如果学生认知结构中包含与新知识相关的内容，教师就可以采用启发式的谈话法。

3．根据不同的教学内容选择教学方法

在教学方法与教学过程其他成分的依存关系中，教学内容起着基本的、决定性的作用，因为方法是内容的运动形式。因此，教学内容也是选择教学方法的一个基本依据。

小学阶段的几何属于直观几何。在教学中，教师充分利用实物、教具和学具引导学生进行拼摆、折叠、绘画、测量等实际操作，有助于学生掌握图形的特征和求积公式，形成初步的空间观念。因此，演示法、操作实验法是教授几何初步知识的基本方法。应用题教学的重点在于引导学生在全面分析数量关系的基础上，掌握解题思路，一般适用谈话法或辅以讲解法。此外，对于不同的新内容，教师在教学时也应采用不同的教学方法。例如，当新旧内容联系十分紧密时，往往采用谈话法、引导发现法，在关键处点拨；当教学某个崭新的起始概念时，就要采用操作实验法。

4. 依据教师的特点选择教学方法

教学方法的选择是受教师的教学经验和个性特点影响的。一般而言，教师常常使用那些自己掌握得比较好的教学方法。性格活泼的教师，可以采取游戏的教学方法；擅长使用教具的教师，可以多采用形象化的教学方法。从一定意义上说，教学方法只是一种工具，教师在实践中总是以自己独有的特性影响教学方法的选择，教师本身的特性允许他可以着重运用某些方法。

除了以上四个方面，教学方法的选择还要考虑学校的物资设备条件。如果学校配有电化教学设备，教师在教学有关内容时，就应充分利用这些手段。同时，教学方法的选择还要注意教学大纲规定的教学进度和教学时间。

教学方法的选择要综合考虑以上因素，忽略任何一方，都会影响教学的效果。方法的选择要讲求实效，只依赖于一两种方法进行教学，无疑是有缺陷的。教师要注意多种方法的有机结合，逐步提升教学质量。

（二）选择教学方法的注意事项

教师在选择教学方法时，要注意以下几点。

1. 明确选择的标准，标准要具体化，切忌抽象。

2. 尽可能广泛地了解有关的教学方法，把握各种方法的精华。

3. 对各种可供选择的教学方法进行比较，比较的内容包括：各种具体教学方法的可能性；各种供选择的教学方法的适用范围和使用条件。教师应在既定的教学任务、教学内容、师生特点、教学时间等条件下，对各种方法进行筛选，做出最后决定。

二、教学方法的优化

教学方法的优化选择是在教学规律和教学原则的基础上，教师对教育过程的一种目标明确的安排，是教师有意识的、有科学根据的一种选择，而不是自发的、偶然的选择，是最好的、最适合该具体条件的课程教学和整个教学过程的安排方案。

要实现教学方法的优化，教师要做到以下几点。

第一，熟悉各种方法，能有效地运用每一种方法，掌握每种教学方法的优缺点与适用范围。例如，语言讲解法能在最短时间内传递大量的信息，促使学生抽象思维的发展，但不利于学生直观形象思维的发展，不能充分发展学生的技能和技巧；直观模型法能提高教学效果，有利于信息的直观形象传递，但不利于学生语言表达能力的发展；探究法有利于发展学生的创造性思维，有助于学生更深刻地掌握知识，但费时太多，不利于学生逻辑语言和抽象思维能力的发展。教师对各种教学方法越了解，其所选择的一整套方法的效果就越好，作用也越大。

第二，在选择教学方法之前，要先按教学目的和教学任务将教学内容具体化，找出重点、难点，并将教材划分为逻辑上完整的几个部分，然后选择对每个教学阶段最适用的方法，并把它们恰当地结合起来，形成该节课的最优教学方法。

第三，教学方法的优化应考虑教学效率的高低。教学效率的高低取决于为实现一定的教学目标师生所消耗时间、精力的多少。如果教学因素的结合（对某一具体教学内容和具体的师生而言）能够保证教学效率最高和目标最优，这种结合即为最优的结合，这就是最好的教学方法。

第三节　小学数学教学的手段

一、小学数学教学手段的作用

教学手段是教师和学生进行教与学的过程中相互传递信息的媒体、工具或设备，是一些实实在在的物质，如黑板、教科书、模型、标本、幻灯、电视等。小学数学教学手段就是在小学数学教学过程中，教师和学生用以相互传递信息的媒介。

教学手段在小学数学教学中的作用体现在以下几个方面。

（一）教学手段是学生认识活动中必不可少的媒体

学生认识数学是一个从具体到抽象的过程，他们需要借助各种直观的材料，形成必要的感性认识，然后才能逐步抽象、概括出数学的概念、原理和方法。在这个过程中，直观的教学手段起着重要的作用。例如，学习乘法概念时，为使学生准确地理解乘法的意义，就必须通过摆实物、看图片等手段，使学生建立起感性的认识，再抽象出乘法的意义。

（二）教学手段是教师教学活动中不可缺少的工具

在小学数学教学活动中，教师组织课堂教学、设计教学方法都需要考虑教学手段这一因素；教师深刻地揭示教学内容，有效地启发学生思考，培养学生学习数学的兴趣，都需要恰当地选择和运用教学手段。教师只有熟悉、掌握各种教学手段的结构及其功能，在教学中恰当地运用，才能在教学中更好地发挥组织者的主导作用。

（三）教学手段的改革与更新是小学数学教学改革的重要内容

小学数学教学改革涉及教学目的、教学内容、教学方法等多方面的内容。近些年来，教学手段的改革与更新也越来越受到人们的重视，改革实践使人们认识到，传统的黑板加粉笔的教学早已不适应现代教学方法的改革，多种形式的教学手段以及现代化教学手段的运用，给小学数学教学改革增加了活力。有些教学方法的提出和发展正是以新的教学手段的引入和重视教学手段的运用为基础。例如，在小学数学教学中重视学生的操作活动，加强学具操作的辅助教学，就促进了小学数学教学改革，并形成了活动教学法和模型教学法。

二、常见的教学手段

常见的小学数学教学手段，根据其目标以及使用特点大致可以分为操作材料、辅助学具和计算机辅助教学三类。

（一）操作材料

在小学数学教学实践中，教师应结合自己的教学实际以及教科书的有关内容，设计、使用多种教学材料。教师在教学中广泛地使用教具和学具，不仅能使学生在感知的基础上理解和掌握较抽象的数学知识，同时，也能使学生的智能得到充分的发展。

操作材料是最传统、最常见、最经济的一类教学手段。这种教学手段的最大特点是"就地取材"，如小木棒、玻璃球等，主要是帮助学生在学习中探索和发现对象的本质属性。

（二）辅助学具

1. 算术箱

算术箱的最大特点是能反复使用和有一定的通用性。它用一个正方体木块表示 1，用 10 个这样的木块（组成 1 条）表示 10，再用十个 10

（10 条）表示 100（1 板）。如果将 10 个这样的"板"叠在一起就是 1000（一个正方体），儿童可以根据这个学具来理解数位关系。

2. 奎逊耐木条

这套教具由十种木条组成，分别涂上白、红、浅绿、紫、黄、深绿、黑、蓝、棕、橙等颜色。十种木条的截面都是 1 平方厘米的正方形、长度分别为 1，2，3，……，10 厘米。利用奎逊耐木条不仅可以学习自然数、整数四则运算、分数的概念、分数四则运算，还可以学习某些代数知识，如整式的运算，以及简单的几何形体的认识和面积、体积的计算等。通过操作（如排序、比较、合并、移动、均分等），学生不仅理解了所学概念的意义、计算法则的来源或某一性质的原理，而且提高了动手操作的能力。用这种教具大都不是直接向学生说明某一数学概念或计算法则，而是使学生通过操作去探索和发现数学的规律。例如，要知道 5 是哪两个数组成的，学生就要试着找出哪两根木条接起米跟黄木条（5 厘米）等长，找出所有可能的情况，并按照顺序排好，然后得出结论。学生在操作时会发现，用调换木条顺序的方法可以较快地找出所有可能的情况，如找到一根白木条（1 厘米）和一根紫木条（4 厘米）合起来是 5 厘米，一根红木条（2 厘米）和一根浅绿木条（3 厘米）合起来也是 5 厘米，在操作中提高了思维能力。

3. 几何钉板

几何钉板对帮助学生理解空间图形也非常有帮助。几何钉板就是在一块板上（可以是各种形状）等距地纵横排列着许多小钉，学生利用橡皮条拉出各种图形，这对学生学习几何的特征、周长、面积等都有直观价值。

4. 20 以内的计算板

20 以内的计算板是一种用于帮助学生理解 20 以内数进位加法和退位减法计算方法的教具。

制作方法：在一个长方形小木框上贴一张纸；用纸条在上下两排各

做十个卡片纸袋，上面另做八个卡片纸袋；准备若干个硬纸做的数字卡片和二十个两面不同颜色的圆板。

使用时，在下面两排纸袋中摆圆板，直观地表示加或减的方法，上面的纸袋里摆数字和符号卡片，用来表示算式。如 7＋5，先在上排纸袋中插 7 个圆板，再在下面一排纸袋中插 5 个反面的圆板，上排十个格还有 3 个空格，就从下排拿 3 个圆板插在上排，这时上排是 10 个，下排剩 2 个，因此，7＋5＝12，在上排摆出算式。

5. 数型卡片

数型卡片是一种直观形象地展示 2～9 各数倍数的材料。这套卡片由一张底片和 8 张覆盖片组成。底片上有 $10 \times 10 = 100$ 个方格，上写 1～100 的数，如图 2-1 所示。覆盖片是在同样有 100 个方格的卡片上，分别在 2，3，4，……，9 的倍数的位置挖空，形成 2～9 的数型卡片，如图 2-2 所示。图中的阴影表示挖空的部分，使用时，将覆盖片放在底片的上面，从挖空部分就会显示出相应数的 100 以内的倍数。该教具使学生能清楚地认识一个数的倍数及其变化规律。

1	2	3	4	5	6	7	8	9	10
11	12	13	14	15	16	17	18	19	20
21	22	23	24	25	26	27	28	29	30
31	32	33	34	35	36	37	38	39	40
41	42	43	44	45	46	47	48	49	50
51	52	53	54	55	56	57	58	59	60
61	62	63	64	65	66	67	68	69	70
71	72	73	74	75	76	77	78	79	80
81	82	83	84	85	86	87	88	89	90
91	92	93	94	95	96	97	98	99	100

图 2-1 数型卡片

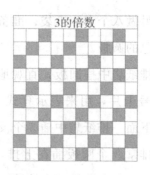

图 2-2　3 的数型卡片

6．活动数位顺序表

活动数位顺序表是一种帮助学生掌握数位顺序的教具。

制作方法：在一块硬纸板上糊一层白纸；在白纸的上半部画出数位顺序表，在下半部分与各数位相对的位置贴上用硬纸做的小插袋；用硬纸做若干个小卡片，分别写上 0～9 的数字。如图 2-3 所示。

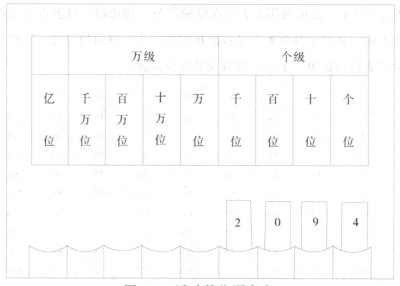

图 2-3　活动数位顺序表

使用时把数字卡片插入口袋中，学生便可以看着数位表读出相应的数。如 2094，在个位上插 4，十位上插 9，百位上插 0，千位上插 2，学生便可以很容易地读出这个数。还可以由教师或学生读出一个数，让学生插上相应的数字卡片。

（三）计算机辅助教学

计算机辅助教学（Computer Aided Instruction，CAI）是程序教学的新发展。计算机中可以输入直线型程序或分支型程序。

直线型程序就是把教学内容分成许多小单元，每次呈现一个小单元，由学生回答，然后计算机会打出评价、答案和问题字幕。学生核对信息后，知识得到巩固，然后进入下一个小单元。其模式如图 2-4 所示。

教学信息1 → 问题 → 解答 → 核对 → 教学信息2

图 2-4 直线型程序

分支型程序也把教学内容分成多个单元，每单元中包含多道选择题，学生用键盘选答，答对了，进入下一步，答错了，导入一个分支程序。学生完成分支程序后，再回到原题，重选答案，直到答对，再进入下一步。典型的计算机辅助教学中，每个学生面前有一台终端机、电视屏幕和键盘，学生可通过键盘或光电笔向计算机提问或输入答案。计算机能记录下学生全部反应，并据此决定下一步向学生展示的信息。

CAI 的主要内容有练习和实习、个别辅导、对话与咨询、模拟和游戏、问题解决等。根据这些内容，教师可以编制出相应的不同类型的软件和课件，有效地发挥计算机在教学中的效用。

1. 操作和练习软件

根据程序安排，学生按自己的速度进行学习，得到直接反馈，接受个别辅导。教师运用声响、音乐和图画动画技术，帮助学生巩固知识和熟练技能。

2. 辅导和对话软件

通过人机对话，对学生进行辅导。学生用键盘、光电笔提问，教学内容由计算机程序决定并通过录音带或电视屏幕回答学生的问题。

三、选择小学数学教学手段的依据

（一）依据小学数学的教学目的

小学数学教学具有使学生掌握基础知识、形成数学技能、发展思维能力等多方面的目的。依据不同的教学目的，可选择不同的教学手段。例如，以学习概念、法则等基础知识为目的，可选择直观形象、具有操作性的手段，使学生形成鲜明的感性认识；以形成运算技能为目的，可选择练习卡、投影仪、数学扑克等手段，增加训练密度，节省时间，提高效率。

（二）依据小学数学的教学内容

不同的教学内容有各自不同的特点和表现形式，因此，教师在选择教学手段时，应结合具体的内容确定恰当的手段。例如，学习分数的意义时，选择学生容易理解的圆形、长方形、线等实物和图形进行分数的演示；学习几何知识时，选择相应的几何图形和测量工具；学习应用题时，可根据应用题的实际意义，选择实物、图片或模型，通过演示帮助学生理解题意。

（三）依据学生的实际情况

不同年级、不同发展水平以及具有不同知识准备条件的学生，其接受能力和对直观材料的依赖程度也不同，因此，教师在选择教学手段时，要考虑学生的实际情况。例如，对低、中、高年级学生所用的教学手段就有很大的差别；教授一个新的概念和教授已有一些知识准备的后继知识，所选择的材料也不同。

（四）依据学校的客观条件

学校具备的物质条件和教学设备情况也制约着教学手段的选择。

教学手段现代化使教学方法具有了多媒体的特征。现代化教学手段与一般教学手段的合理配置、优化组合十分重要，它决定了能否发挥现代化教学手段的优势，收到应有的教学效果。在这里，教师作为教学过程中的主导因素，对教学手段的优化组合起着决定性的作用。没有教师，再先进的技术手段也难以发挥其教育的功能。

教学方法的改革是教学改革的一个重要方面，面对科学技术的挑战，小学数学教学内容需要扩充和更新，这就需要有更为科学有效的新教学方法。

教学方法作为教学思想的方法论，要想在教学实践中更具可操作性，就必须与教学手段，特别是现代化的教学手段紧密结合。一方面，原有的教学方法因与现代化教学手段的结合而注入新的活力，扩展了原有功能；另一方面，现代化教学手段本身也会孕育出新的教学方法，如教学机是程序教学的物化工具，而程序教学又发展出机助教学这种新的教学形式及相应的新方法。总之，教学手段和教学方法有着密切的联系，它们相互促进以求得多样化的发展，这为教师提供了更为广阔的选择空间。如何根据教与学的各种复杂因素，适当地筛选教学手段及方法并使之最优，确实是一门教学艺术。

第三章 小学数学教学的多元技能

第一节 小学数学课堂教学的语言技能

在教学过程中，教师与学生之间的知识传递、信息反馈以及感情交流都是借助教学语言进行的。因此，教学语言是教学信息的主要载体，是教师完成教学任务的重要工具。苏霍姆林斯基认为，教师的语言修养在很大程度上决定着学生在课堂上的脑力劳动效率。对于数学而言，掌握数学语言，不仅是掌握数学知识的必要手段，还是用数学思维解释客观社会现象的重要手段。

一、数学课堂教学语言

数学语言是以数学符号为主要词汇，以数学公理、定理、公式等为语法规则构成的一种科学语言，是在数学知识的产生、发展和运用过程中逐渐形成的，是数学内容经过归纳、概括、抽象的一种表达形式，它和自然语言一样是人类思维长期发展的成果。数学语言已成为科学研究的通用语言。

数学教学离不开教学语言，教学语言是教师教学的基本功和必要素养。教师的教学语言修养直接影响教学效果。

（一）数学课堂教学语言的特点

1. 科学性

数学课堂教学语言的科学性应体现在准确性、逻辑性和系统性上。

（1）准确性即教师说话要准确，能正确应用概念，否则就会导致概念模糊，甚至导致谬误。例如，"两条直线不相交就一定平行"，虽然在平面几何中是成立的，但在立体几何中就是错误的结论。原因在于表述这一结论时丢掉了必要的前提条件——在同一平面内。准确是教师在运用数学语言时不可忽视的问题，否则可能导致科学性错误或给学生造成理解上的困难，产生不良的教学后果。用数学语言表述数学问题或阐明数学结论的准确性，要求达到增加一个字符则多余，减少一个字符则含义不清的效果。

（2）逻辑性即教师说话要严谨周密、言之有理、言之有据。例如，矩形、菱形、正方形是特殊的平行四边形，故它们具有平行四边形的所有性质。又如，证明 7 是素数，因为"一个数只能被 1 和它本身整除，这个数就是素数，而 7 只能被 1 和它本身整除，所以它是素数"。这样的证明符合充足理由律的逻辑性要求，因而整个证明是正确的。

（3）系统性即教师说话要条理清楚、前后连贯。教师想要做到语言准确精练，就要认真备课，熟练掌握教材，并掌握好各部分的衔接作用和深入钻研数学理论问题。只有这样，才能锤炼出准确和精练的语言。数学教师只有通过学习与钻研，不断提高自身的数学素养，才能逐步提高运用数学语言的技能。

2. 启发性

数学课堂教学语言的启发性就是要求教师的语言能启发学生积极思考。要想使语言富有启发性，教师除了熟练掌握教学内容、不断丰富教学语言外，还要充分了解学生的学习状况、思维水平，使学生"跳一跳，摘到桃子"。

3. 直观性

数学课堂教学语言的直观性体现在生动和形象两个方面。语言的生动性要求教师在抓住教材的本质进行分析的同时，做到语言幽默、生动有趣，以消除学生思维的疲劳，唤起学生的求知欲和学习热情。语言的形象性要求教师将抽象的内容尽量具体化，将深奥的道理尽量形象化，联系实际，深入浅出，善于比喻，使枯燥的知识趣味化。

4. 节奏性

教师语言的节奏性是指教师说话要快慢得当、清楚流畅，语调要抑扬顿挫，富有感染力。同时，教师讲话的声音大小要适中。一般来说，教师讲课的声音应使第一排学生听了不刺耳，最后一排学生听起来不吃力。教师的语言节奏，要依据教学内容及课堂上学生的情绪来确定，讲到重点、难点或关键的地方，语言速度要放慢，语气要加重，要稍有停顿，以便学生思考和领会。

（二）数学课堂教学语言技能的功能

1. 准确传递数学知识

语言是信息的载体。随着数字化成为社会发展的主要趋势，数学语言也成为人们生活中的一种必需语言。数学教师通过标准规范的文字语言、准确精练的符号语言、生动形象的图形语言，可以有效地传递数学知识，提升学生的数学思维能力。数学教学中大量活动需要通过数学语言的表达和交流来实现，教师只有使用规范的、准确的数学语言，才能使学生掌握扎实的基础知识。

2. 组织好数学课堂教学

组织好课堂教学，是教学语言的重要功能。使用准确清晰的语言可以明确学生的思维指向，集中学生的注意力；用鼓励性的语言可以激发学生的求知欲，调动学生的学习积极性。总之，利用丰富的教学语言可以恰当而有效地组织课堂教学。

3. 发展师生的数学思维

数学教学在很大程度上也是数学语言的教学，因为语言是思维的工具，学生语言能力的提高，必然会促进其思维的发展。对教学语言的逐步掌握（新的数学语言的学习）丰富着学生的思想内容，调节着学生的思维活动，促使学生的思维能力不断提高。教师在教学设计时，要将教材内的数学知识变为教学语言，包括确定逻辑顺序、明确因果关系等。这就是教师的逻辑思维与教学语言水平的统一。

4. 激发学生学习数学的兴趣

学习兴趣是推动学生主动、愉快地探求知识的巨大动力，是发明创造的源泉。教师可以巧妙地利用教学语言，促进学生情感迁移，培养学生热爱数学的情感。教师要善于锤炼教学语言，因为富有趣味性、幽默性、艺术性的教学语言是激发学生学习兴趣的重要因素，生动活泼的教学语言，往往能激起学生的学习热情。

教师可以用优美的语言充分展示教学内容的美，并赋予教学内容鲜明的情感色彩，以此来激发学生学习数学的内部情感动力，从而达到组织好教学的目的。因为数学是用高度专门化语言——数学语言写成的，美的信息普遍蕴含于数学结构、数学语言、数学方法中，所以教师要把数学语言的美渗透到教学中去，通过图形、符号、式子唤起学生对美的情感，增强学生的审美意识，使学生在美的感受中愉快地接受知识。教师在教学中引导学生体会数学语言的美，可以提高学生学习的积极性，激发学生学习数学的兴趣。

5. 发挥语言的示范作用

小学阶段是学生发展的黄金阶段，学生通过对基础知识、基本技能的学习，发展思维，培养语言表达能力。教师要教会学生用规范准确的语言表达自己的思想，用规范的数学语言说明概念，解释原理。对于学生而言，教师的教学语言是最具体、直观的示范，对培养学生的语言能力起着重要的作用。教师语言的逻辑性，能够直接影响学生思维的逻辑性和语言表达的条理性，具有较高教学语言技能水平的教师，在教学中能对学生产生潜移默化的影响，学生从自觉或不自觉地模仿教师，到自己能灵活地表达，逐步提高了语言表达能力。因此，教师应加强教学语言技能的训练，以提高教学语言的示范性，这对提高教学质量是十分必要的。

6. 实现情感交流

课堂教学是师生的双边活动，教师在传递知识信息的同时，必然伴随着师生的情感交流。教师的语调、节奏、语气的变化，或舒缓平稳，或慷慨激昂，或清新温和，或委婉动人，或欢快昂扬，或庄严郑重，等等。凡此种种，均可有效地表达教师的情感、情绪，影响着师生间的情感交流。在此基础上形成的师生间的心理关系，又反过来影响着师生知识信息交流的效率。

（三）数学课堂教学语言的类型

数学教师在课堂教学中所运用的语言，按语义特征的不同可分为一般教学语言、数学语言和数学教学语言。

1. 一般教学语言

一般教学语言是日常生活语言在课堂教学这个特定环境中的运用，主要用于课堂教学过程的组织、教学内容的衔接、对学生学习的评价等方面。课堂教学中，教学信息并非单向地由教师传输给学生。教师在传递知识信息的过程中还要及时接收学生的反馈信息，引导学生积极参与教学活动，不断调整教学的进度，使教学真正构成一个动态的教师教与学生学的双边活动系统。一般教学语言在此过程中起着重要作用。

对于一般教学语言，学生在理解上不会有什么问题。教师在运用这种语言时，其技能主要表现在语言的简练与明确、丰富与生动、文明与热情等几个方面。

（1）简练与明确

简练与明确是指语言的语义要清晰、明确，避免歧义和赘言。一般教学语言在组织课堂教学中的主要作用是表明教师的意图，反映教学的目的、要求。因此，教师在运用一般教学语言时，应使学生听后立即明白其意，并能按教师的要求去做，以增强教师的主导作用。违反这一原则会对课堂教学的组织工作产生不良影响。

（2）丰富与生动

为避免课堂教学的刻板、沉闷，教师要努力营造活跃的课堂气氛，丰富与生动的语言是达到此目的的手段之一。教师多样化的语言形式、丰富的词汇，都能够缓解学生的紧张情绪，有张有弛，起到调节教学活动的作用，从而使学生的思维处于积极、能动的状态，进而提高教学效率。例如，教师在讲述合并同类项时，可用生活中的例子进行类比：两头牛加三头牛是五头牛，但是两头牛加三头马就不是五头牛马了。如果教师善于运用形象化的语言，就能把本来枯燥乏味的数学知识变得生动有趣，从而激发学生学习数学的兴趣。

（3）文明与热情

教师在运用一般教学语言指导、组织、评价学生的学习活动时，要做到文明、热情，注意礼貌用语。例如，"请某某同学解一下这道题"与"某某，你给我解一下这道题"，让人听起来的感觉显然是不同的，前者体现出教师对学生的尊重和师生平等。

一般教学语言的掌握与提高，以教师本人的语言、文学及教育心理知识水平为基础，因此，数学教师应不断加强这几个方面的自我修养。

2. 数学语言

数学语言是数学科学的专用语言，是一种符号语言、形式化语言。数学词汇和数学符号是组成数学语言基本成分的重要内容。

(1) 数学词汇

中国科学院从 1956 年开始多次修改并出版《数学名词》一书，这本书汇集了几千个数学名词。数学名词是表述数学事实的数学语言的最基本元素。某一数学词汇，必须确切表示某一数学事实。这就是所谓的某概念、某定义。数学词汇的特点是每个名词都代表唯一一个数学事实，如正数、负数、比例、平均数、平移、旋转、圆周率等都是数学词汇。

(2) 数学符号

数学符号是数学科学专门使用的特殊符号，是一种含义高度概括、形体高度浓缩的抽象的科学语言。具体来说，数学符号产生于数学概念、演算、公式、命题、推理和逻辑关系等整个数学过程中，是为使数学思维过程更加准确、概括、简明、直观和易于揭示数学对象的本质而形成的特殊的数学语言。可以说，数学的发展史就是数学符号的产生和发展史。

数学符号可分为以下四类。

①元素符号：表示数或几何图形中的符号。

②关系符号：表示数、形、式之间关系的符号。

③运算符号：表示按照某种规定进行运算的符号。

④其他符号（也有人称为辅助符号）：用于表示某些特定式子、某

种特定意义的符号。

3. 数学教学语言

学生对数学语言的不适应，往往成为他们学习数学的极大障碍。[①]于是为讲清数学知识，用日常生活语言，特别是用学生使用的语言加以解释是必要的。这时教师运用的是"生活化"的数学语言，不再是完全形式化的语言。此外，数学教学中也存在大量用数学术语去解释自然现象或现实生活中问题的例子，这些例子虽是生活语言，却有一定的数学性能，因此被称为"数学化"的生活语言。"生活化"的数学语言和"数学化"的生活语言统称为数学教学语言。数学教学语言技能由基本语言技能和数学教学特有的语言技能构成。数学教学语言的要素主要有以下几个方面。

（1）语音和吐字

语音是语言的物质材料。有了语音这一载体，表达信息的符号——语言才能以声音的形式发出和被感知。在交际中，特别是在教学中，对语音的基本要求是要规范，即要用普通话语音来讲话。要求数学教师的发音吐字要正确、清晰、准确，达到字正腔圆、清晰悦耳的效果。普通话语音正确是教学语言规范的基本条件之一。不能带有地方口音，因为方言、方音是信息交流的极大障碍。数学教师必须进行语音、语言的训练，有意识纠正，经常练习，养成正确发音的习惯。当然，教师还要借助板书或不同的关联词句来明确某些词或字。

（2）音量和语速

音量指声音的大小。声音小听不清楚，声音过大没必要，而且会使人感到不舒服。音量应控制在教室安静的情况下最后一排也能听清楚的程度。音量大小和气息控制有关。要达到一定的音量，就要注意深呼吸，要注意有控制地用气，而且要注意音量的保持，避免学生听清前半句，听不清后半句。要把每一句的最后一个字都清清楚楚地送进学生的

---

① 夏兆阳. 中学数学教学与管理研究［M］. 西安：世界图书出版西安有限公司，2017：149.

耳朵里。

语速是指讲话的速度。耳朵有一定的承受力，超载就会听不清。数学与其他学科相比较，具有明显的抽象性特点，而小学生的形象思维又强于抽象思维，数学课上学生要不断地将教师传递的信息进行思维加工，这就要求教师的语言速度不能太快。然而，如果教师的语速太慢，落后于学生的接受能力和思维能力，学生也必然会感到乏味。

教师在教学中，要随时观察、了解学生对数学知识的思维情况，并以此来调整自己的语速。对学生很熟悉的知识，可以用250字/分钟左右的速度进行教学，但总时间最好不要超过10分钟。对学生不熟悉的知识，则要慢一些，有时为使学生充分思考、记忆，甚至可以用100字/分钟左右的速度进行教学。总之，教师要根据教材和学生的学习情况，采用稳、急、缓的语速进行教学。

（3）节奏

节奏是指讲话时的快慢变化。它和语速有联系但不是一回事，每个字音的发音时长不尽相同，句子内部以及句子之间的停顿时间也长短不一，这种不同就是节奏的体现。善于调节语言快慢，使其形成和谐的节奏，同样可以加强口语表达的生动性。

教学语言的节奏性，还可以用来促进学生数学思维的发展。教师利用语调和节奏，可以提高学生思考的效率。

（4）语调

语调是指讲话时声音的高低升降、抑扬顿挫的变化。适度的语调，可以加强口语表达的生动性，有利于学生接受知识，积极思考。单一音调的刺激容易使人精神疲劳，注意力分散。声音的高低差距越大，按信息论的观点，就是传输信息的频带越宽，那么传输的信息量就越大。有时为了强调某个数学事实方法，在语言叙述上也可"反常用兵"——降低音调，以达到学生有意注意的目的。

（5）词汇

没有词汇就没有语言。一个人只有具备一定的词汇量并能正确、熟练地运用于口头表达中，才能具有一定的口语技能。在课堂口语中，对教师语言词汇的要求如下：

①规范，即要用普通话的词汇进行交流。

②准确，即要用恰当的词语表达一个意思，描述客观事物。

③生动，即注意用词的形象性、可感性和感情色彩，使其能启发想象、联想，激发人的感情。

另外，学生的语言与其年龄特点、认识水平、掌握知识的深广程度都有着极大的相关性。对于低年级的学生来说，他们不会用数学语言叙述问题和表达思想。而高年级的大部分学生已经会用较简单的数学语言来表达自己的思想了，虽然有时还不太严谨。因此，数学教学语言应随着学生年龄的增长而逐渐接近数学语言。数学教学语言的主要作用是将数学语言转化为学生熟悉的语言，帮助学生正确理解数学语言，从而使数学知识转化为学生的认知结构，逐步发展学生的数学思维。这种真正被学生理解了、接受了或内化了的数学语言就成为学生的语言，它又可以帮助学生学习新的数学语言；而不断充实的数学语言，又可以持续深化学生的数学思维。

在数学教学中，强调数学语言的训练是非常重要的。数学作为基础教育的主要课程之一，不仅是让学生学会课本上的知识，更重要的是发展学生的数学能力，增强学生的数学意识，使学生能主动应用数学知识去解决周围世界中的实际问题。语言既是思维的工具，又是人类表达思想、进行交流的工具。因此，教师不要因数学语言抽象，就过于迁就学生。

二、数学课堂教学语言技能的实施

数学课堂教学语言技能是教师用数学语言向学生阐明教材、传授知识、提供指导、培养学生思维、促进学生养成良好的数学个性品质等方面的语言行为方式的一种技能。数学课堂教学语言技能并不独立存在于数学教学之外，而是与数学、数学教学活动同时存在的，它是一切数学教学活动的最基本的行为。数学课堂教学语言技能是可描述、可观察、可培训的具体教学行为，它能够通过学习来掌握，在练习实践中得到巩固和发展。

数学语言作为一种专业语言，在促进国际交流和各学科之间的理解与沟通方面有着重大的文化价值。但是，对于知识基础薄弱和受到年龄限制的小学生来说，要理解用数学语言表述的数学知识是有一定的困难的。在小学数学教学中，教师一般不宜将数学语言直接作为讲授语言，而应根据学生的心理特征和知识基础，将数学语言转化为容易被学生接受的语言。

（一）数学教学语言的选择

数学语言的确切性、精练性不但要体现在教材上，还必须体现在教师的教学语言上。它包括对数学定义、定理、公式和法则的阐述与板书，对某些数学事实的分析与讲解，对解题思想方法的讲述，对讲课内容的小结，等等。教师对数学问题的叙述，有时多一个字少一个字都是不行的。此外，教师还必须从个人的特点出发，研究如何选择数学教学语言。

将数学语言转化为教学型数学语言，是数学教师在教学设计时必须重视的问题，这一过程常被称为"口语化"。实际上，"口语化"并不是单指将数学语言转化为通俗语言，而是将其转化为教学型数学语言。

1. 将数学语言转化为通俗语言

通俗语言生动形象，能够得到学生在情感上的认可，容易被学生接受。教师要特别注意，在用通俗语言表述某个数学方法时，必须要对所指数学问题的条件、适用范围，甚至每个词的含义及其隐含的意义交代清楚，分析透彻。

2. 将数学语言转化为符号型语言

数学教材中，大量使用符号型语言进行逻辑推导、证明或计算。符号型语言虽简洁准确，但也抽象深奥，教师要根据学生的理解程度，适当插入一些简明的文字型数学语言，从而有助于学生的理解。

数学语言是一种高度抽象的人工符号系统，也是数学教学的难点。一般来说，学习数学语言要经历"机械认识—归纳认识—理性认识"的过程，最终内化为自己的认知结构的有机成分。数学家波利亚把数学问题的解决分成四个水平：第一为图像水平，第二为联系水平，第三为数学水平，第四为探索水平。从数学语言的角度看待这四种水平，解题的第一水平是感知问题的视觉语言图；第二水平是将考察对象与图用数学文字或符号表示出来；第三水平是将数学词汇依据一定的数学理论组成数学语句；第四水平是将数学的定理、公式、法则等与问题形成的数学语句建立联系，连接点处即为问题解决的关键。

（二）数学教学语言技能实施的基本原则

数学教学语言是教师在数学课堂教学的具体条件下有明确的教学任务、特定的教学对象，使用规定的教材，达到某种预定的教学目的的活动中使用的语言。因此，教师要想合理利用数学教学语言，就要准确把握以下基本原则。

1. 知识性原则

数学教材内容的专业性决定了教学语言带有很强的知识性和科学性。因此，数学教学语言要传递有效知识，提高学生的思维能力，就必须与课堂教学内容协调统一。

2. 目的性原则

数学教学语言是为数学教学目的服务的，因而教学语言要服从、服务于教学目的的要求，即要根据教学目的的实际需要，有针对性地选择、组织自己的语言。如果教师的教学语言离开了特定的教学目的，不顾一节课的教学目标所规定的教学任务，仅凭个人的兴趣、爱好、情绪进行教学，并因此导致规定的基本教学任务没有完成，特定的教学目的没有达到，那么这节课就是不成功的。

3. 针对性原则

数学教学是双边活动，教师的语言是师生之间沟通的桥梁。因此，教师的教学语言必须充分考虑学生的生理和心理特征、已有知识水平及思维发展水平等，有针对性地进行教学，要让学生听清楚、听明白，具有相通性和可接受性。

4．激励性原则

教师在课堂教学中，无论是讲授知识，还是对待学生，都应当运用激励性的语言。特别是对待学困生，更应以此维护他们的自尊心，激发其学习动机。相反，教师如果对学生的错误过多地批评指责，甚至挖苦、讽刺，就会使学生失掉学习的自信心，由厌恶教师到厌恶所学学科（实际上有许多学生害怕数学学科），这不能不说是课堂教学的失败。

5．审美性原则

审美性原则是对数学教学语言的较高层次的要求。一般的教学语言只要求讲深、讲透、讲清楚，让学生听懂、听明白就可以了，而审美性的教学语言除了让学生听懂、听明白之外，还能让学生获得一种艺术享受，使学生受到一种"细雨湿衣看不见，闲花落地听无声"的审美教育，进而提高课堂教学的效果。

（三）数学教学语言实施的注意事项

1．应注意形成自己个性化的语言风格

教师在教学过程中要形成自己个性化的语言。首先，内容要正确；其次，表达方式上要形成个性化的语言风格。只有个性化的语言才能表现独到的见解，产生独特的魅力，给人留下深刻的印象。什么是语言的个性化呢？所谓语言的个性化，是指讲话者要用自己的语言表达自己的思想感情、意志，体现自己的气质，而不是老调重弹，套用那些现成的语言。个性化的语言是一个人的思想、学识、阅历、才华、性格、气质和语言修养的集中表现。教师只有语言生动形象，带有强烈的情感，才能把那无声的文字变成有声的语言，进而教育、鼓励学生，使学生的情感和情趣融合在一起。优质的教学语言能激发学生的学习兴趣，提高学生的学习效率。教师必须增强教学语言的艺术性，提高语言修养，使自己的语言规范、准确、妙趣横生。

应当注意，生动形象的教学语言只是为了帮助学生接受和掌握抽象

的数学语言，并不能代替抽象的数学语言，否则将不利于学生数学思维能力的形成和发展。因此，在数学教学的课堂上，无论教师采用哪种授课方式，也不管要给学生传达什么知识，都要认识到正确运用数学教学语言进行教学的重要性，克服自己随意性的语言，加强自我训练，使自己的数学教学语言准确、严谨、简洁、精练、生动、形象，富有启发性和感染力，形成自己独特的、有魅力的语言风格，以达到更好的教学效果。

2. 数学教学语言与体态语言要配合使用

作为教师，不但要"言传"，还要"身教"。教师的一个手势、一种身体姿势、穿着打扮乃至面部表情，都可能对学生产生影响。

在数学教学活动中，教师作为信息的载体，是一个信息的"发射站"。学生通过不断地从教师处接收各种信息，在认识、情感、意志、性格和行为等方面得到发展。同样一句话，教师配合眼神、面部表情、头部动作、手势、身体姿势，就会进一步使学生心领神会。其原因不在于教材，不在于教学内容，不在于数学教学语言的结构与组成，而在于和教学语言相关、相配合的其他教学技能的使用。

数学教学语言内容丰富，变化无穷，想要真正掌握适合自己的，规范且能运用自如的教学语言，需要教师不断学习，潜心研究，勇于实践，认真总结。

三、数学课堂教学语言技能的训练

教师要想提高运用数学语言的技能，必须自觉地加强训练。常用的训练方法有以下几种。

（一）仿述

仿述就是教师以课本、工具书为参考进行数学语言训练。

例如，分数应用题中有这样的语句："一批水果的 $\frac{2}{5}$ 是苹果""今年

生产量比去年增产 $\frac{7}{10}$ "等。要说明这些语句中各分数所表示的实际意义，我们可以先考虑一个一般模式："把什么看作单位'1'""什么是什么的几分之几"。按照提出的问题，可以把上述句子中的各分数所表示的实际意义分别叙述为"把一批水果看作单位'1'，苹果是这批水果的 $\frac{2}{5}$ ""把去年生产量看作单位'1'，今年增产的量是去年生产量的 $\frac{7}{10}$ "。这样进行训练，既是对自己思维准确性的培养，又是对自己语言规范化的训练。

（二）扩述

扩述是运用联想，联系一个条件说出与其有关的其他条件，通过扩述可以训练思维的广阔性。

例如，根据"某车间男工人数是女工人数的 $\frac{4}{5}$ "这一条件，可说出以下几个与已知条件有关的条件。

1. 女工人数是男工人数的_____。

2. 女工人数比男工人数多_____。

3. 男工人数比女工人数少_____。

4. 女工人数占全车间人数的_____。

5. 男工人数占全车间人数的_____。

6. 女工人数比男工人数少全车间的_____。

7. 全车间人数是男工人数的_____。

（三）变述

变述是变换语言的表达形式，把口头语言变为书面语言，把文字语言、符号语言、图形语言进行相应的变换。例如，用文字表示成"角1是直角"，用符号表示成"$\angle 1 = 90°$"。

再如，可以把式题"$68 - 52 = ?$"口述为以下几种形式。

1. 被减数是68，减数是52，差是多少？

2. 68 减去 52 得多少？

3. 68 比 52 多多少？

4. 52 比 68 少多少？

5. 一个数与 52 的和是 68，这个数是多少？

6. 比 68 少 52 的数是多少？

7. 68 与 52 相差多少？

（四）更述

更述就是更换应用题中问题的表述形式。这种训练必须使条件和所列的算式不变，用不同的表述形式表述同一个问题。

例如，"果园里有 152 棵苹果树和 89 棵梨树，苹果树的棵数比梨树多多少棵？"

对于这道题还有如下的问法。

1. 梨树的棵数比苹果树少多少棵？

2. 梨树再增加多少棵就和苹果树同样多？

3. 苹果树再去掉多少棵和梨树同样多？

表述的形式虽然变了，但其运算关系并没有变。

（五）讲述

讲述就是讲清思路，以培养学生思维的逻辑性。

例如，有一个圆柱形钢材，它的高度是 1.2 米，它的侧面积是 7.536 平方米，每立方厘米钢的重量是 7.8 克，它的重量是多少吨？（π 取 3.14）

这道题的综合算式为：$7.8 \times [3.14 \times (7.536 \div 1.2 \div 3.14 \div 2)^2 \times 1.2]$。为什么要这样列式，这就要求教师把解题的思路说清楚。

∵ 圆柱的侧面积＝底面周长×高，

∴ 圆柱底面周长＝圆柱侧面积÷高，

即 7.536÷1.2＝6.28（米）。

∵ 圆柱底面周长＝3.14×2×半径，

∴ 圆柱底面半径＝底面周长÷3.14÷2，

即 $6.28 \div 3.14 \div 2 = 1$（米）。

∵圆柱体积＝底面积×高，

圆柱底面积＝3.14×底面半径的平方

圆柱的重量＝每立方厘米钢的重量×圆柱体积，

∴圆柱的重量＝$7.8 \times [3.14 \times (7.536 \div 1.2 \div 3.14 \div 2)^2 \times 1.2]$。

（六）概述

概述就是通过各种感知活动，对数学方法、规律进行归纳小结。

总之，数学语言在数学教学中起着"桥梁"的作用，教师要下功夫训练和掌握数学语言。此外，教师还要正确理解和记忆小学数学课本中有关的定义、概念、法则、公式等。在小学数学教学中，特别是文字题和应用题的教学中，掌握名词术语尤为重要，因为它既是数学语言的精华，又是分析和解题的关键。如"增加与增加到，减少与减少到，提高与提高到，增产与减产，下降与下降到"，还有"是""比""占""相当于"等关键词语，教师必须牢牢地掌握，养成科学使用数学语言的良好习惯，长此训练，教师的数学语言表达能力一定会得到提高。

第二节　小学数学课堂教学的板书技能

一、数学板书

数学板书是数学教师根据教学的需要在教学用具（主要指黑板）上写出的教学提纲。数学板书的质量直接影响到教学效果。

（一）数学板书的作用

数学板书的作用体现在以下几个方面。

1. 展现数学思想和方法，启发学生的思维

数学知识之间联系紧密，逻辑性强。在实际教学中，教师运用板书能清晰地表达出不同知识之间的联系，有利于集中学生的注意力，激发

学生的思维。对于比较抽象的知识、一些数学理论知识的分析以及对数学技能的讲解，仅用口头阐述，学生往往难以理解，更别说体会数学思想和方法。而教师利用直观且富有启发性的板书，就可以很好地体现教学内容的直观性和新旧知识的内在关联性，提供知识迁移的外部条件和数学思维方式，并通过对原有知识的提取、强化、加工、改组，让学生更好地掌握新知识。

更为重要的是，教师板书并不是机械地展示课本知识，而是知识展示与师生互动相结合，这一过程也就是数学学习中知识发生的过程和数学思维发展的过程。教师通过一步步地板书，可以很容易地揭示数学的思想和方法，再加上师生之间的板书互动，有利于启发学生思考，让学生对所学知识有进一步的体会。

2. 展现数学知识内容和结构，帮助学生理解记忆

如果仅从语言方面学习数学知识，对于学生来说，就是一件很困难的事。数学知识具有系统性和逻辑性，一幅条理清晰、简明扼要的数学板书，易于揭示教学内容的知识结构，有助于突出教学重点，突破教学难点，强化知识脉络，使学生对本节课教学内容有一个系统、全面的认识。良好的知识结构板书，不仅能帮助学生理解和记忆知识，而且有利于知识的广泛迁移，培养学生的归纳概括能力。

通过板书，教师不仅能清晰地呈现数学知识结构，还可以清楚地表达出教学思路和认识问题的方法。这样有助于学生形成系统的、有逻辑关系的知识体系，而不是仅掌握一些孤立、零散的知识点。知识的系统化对学习数学有很大的帮助，因为割裂的知识难以理解，而系统化了的知识便于理解和记忆。

教师用板书向学生呈现系统化的知识时，还可以用一些特殊的符号、线条表示知识点的关系或者强调重点及关键内容。这样有利于吸引学生的注意力，对学生突破难点、加深理解有着很好的作用。

3. 提供正确书写和运用数学语言、符号、图形的示范

数学专业语言、符号、图形可以简便、准确地表达数学知识和数学

学科的特点，是学习数学的基本工具。学生在学习数学时，首先要知道数学专业语言、符号等的规范的书写方式，在此基础上，学生还要画出准确的数学图形，正确地使用数学语言、符号、图形。这些无疑需要教师为学生提供模仿的原型，而板书恰恰可以提供良好的示范。

数学语言和符号是表述数学中某一概念的专用方式，它有着严格的含义，既不可混淆，也不可乱用。数学教师如果在板书中正确使用数学语言和符号，就能极大地促进学生形成良好的数学素养。另外，教师严谨的示范会对学生起到良好的引导作用，这对培养学生规范的口头表达能力、书面表达能力和准确地运用知识的能力都是有益的。

4. 培养学生审美观念，使学生体会数学之美

数学板书是书法、绘画、制表等艺术的综合体现，也是教师内在素质的体现。良好的板书能力在一定程度上体现教师的教学功底和数学素养，对学生是一种教育和熏陶，同时对形成良好的课堂气氛也能起到促进作用。在板书过程中，流畅漂亮的书法、新颖别致的布局、错落有致的数学符号、精美的几何与函数图形、合理搭配的色彩等无不给人以美的感受，对培养学生的审美能力和激发学生的数学创新能力都具有潜移默化的影响。

数学板书不仅能展示数学的外在美，更为重要的是，它还体现出数学的内在美。这种美要求学生用心体会，认真发现。一些定理的证明、公式的推导、问题的解决，处处都体现出数学思维的灵活性、逻辑性和严密性，这些美并不像外在美那么直观自然，而是在数学板书过程中随着思维活动的进行得以呈现的。可以说，数学并不缺少美，缺少的是发现和创造，缺少的是展示的平台，而数学板书这种教学手段恰好为数学的美提供了一个良好的发现、创造和展示的平台。

（二）数学板书的类型

板书的类型多种多样，按其表现形式可分为提纲式板书、过程式板书、表格式板书和图示式板书。

1. 提纲式板书

提纲式板书是把教学内容和讲解顺序，用简明扼要的文字反映出来的板书。其特点是高度概括授课内容、结构，给人以强烈的整体印象。这种形式的板书条理清晰，重点突出，便于学生抓住要领。

2. 过程式板书

过程式板书是对数学教学内容进行逐步体现的板书，包括对数学教学中常见的定理、公式的推导，例题的证明及运算求解，等等。过程式板书是数学板书的精华部分，重点在于过程，它易于揭示数学知识发生过程和学生认知过程，能体现出数学的思想和方法，有利于培养学生的推理论证能力和运算求解能力。教师在数学的性质发现及论证、运算与求解的教学中经常用到过程式板书，这也恰恰符合认知理论的实践。另外，过程式板书有很强的逻辑严密性，对学生的思维发展具有很大的启发性。

3. 表格式板书

表格式板书是把数学教学内容用表格的形式表现出来的板书。这类板书的优点是类目清楚，井然有序，可使不同的知识点形成强烈的对比，便于学生加强对知识的记忆、分类、归纳、对比等，能够较好地培养学生的数学系统化分析思维。

4. 图示式板书

图示式板书，顾名思义是用图形、文字、线条、符号、框图等表现教学内容的板书，它可以使教学中的重点和难点通过图表形象化，从而化难为易。这类板书具有形象性、趣味性的特点，也可以把数学知识的发生过程和事物间的关系简明地表达出来。

由于图示式板书具有形象、直观的特点，因此较容易引起学生的注意，便于学生对数学知识进行分析和比较，从而促进学生思考与记忆。如果条件允许的话，教师还可以根据教学内容的需要，将图形制成电子文稿，并借助多媒体进行展示，这样既能节省时间，又能反复使用，具有良好的展示效果。

图示式板书体现的数学知识丰富，按其内容之间的关系可以分为总分型、线索型、流程型等，在实际教学中应用范围很广。但不管使用什么样的图示式板书，板书作为教学内容中不可缺少的重要组成部分，一定要讲究整体性、知识性、形象性和科学性。

数学板书是课堂教学中不可缺少的一部分，是师生之间交流的一种手段。教师运用板书时应该注意选择适合的板书类型，并与数学语言、多媒体、课堂情境相配合，以提高课堂效率，启发学生思考，促进学生对教学内容的理解和记忆。按表现形式来说，提纲式板书常用于课末小结及复习当中，偏重对知识的概括和归纳；过程式板书常用于论证推理、解题教学之中，是数学教学中的重中之重；图示式与表格式板书表现灵活，利于揭示知识结构，不仅能用于数学知识的分析和比较，也能用于归纳和总结。每一种板书都有自己的劣势和优势，教师设计板书时，应该根据教学课型、教学内容而定。在实际教学中，往往要综合使用多种类型的板书，以便优势互补，达到最好的效果。

二、数学教学板书技能的实施

板书技能是指在教学中，教师通过在平面媒介（包括黑板、投影片、展示台等）上书写文字、符号或作图等方式，向学生呈现教学内容，分析认识过程，使知识概括化和系统化，帮助学生正确理解并增强记忆，提高教学效率的一种教学技能。

板书技能是教师必须掌握的一项基本教学技能，它作为课堂教学的一种辅助表达，与教师的教学语言相结合，能传递教学信息，简化教学思路，突出教学重点，提高教学效率。

（一）数学板书设计的原则

1. 科学性原则

教师在设计板书时，要体现科学性原则。教师要通过板书，将正确的知识，用规范的文字或语言，有序地排列、展示在黑板上。小学数学知识的教学，本身就具有科学严谨的特点，在板书设计上更要讲究概念正确、语言规范等。虽然小学数学的概念知识是浅显易懂的，但是在整个知识体系中，它具有严谨的科学性。所以教师在设计板书时，不可随心所欲，必须在备课时深思熟虑，使自己的板书既能体现知识的科学性，又能遵循学生的思维发展特点，做到深入浅出，科学严谨。

2. 实用性原则

教师在设计板书时，要体现实用性原则。板书是一节课的精华所在，它将一课时或者一个单元的内容，通过简要的文字或字母、图表等综合概括，帮助学生建立自己的思维导图。教师在提炼精华的同时，要针对教材内容、教学目标、学生的学情分析，根据不同的教学内容，采用不同的板书表达形式，设计有利于学生理解重点、突破难点的板书。

板书设计的实用性原则是建立在"心理过程形成"的基础上的。心理过程指的是人的心理活动发生、发展的过程，即在客观事物的作用下，大脑在一定的时间内反映客观现实的过程。教师在设计板书时，需要尽可能地让学生多体验、多感知、多操作，充分调动学生的感官认识，从而影响学生的意志行为。

3. 简洁性原则

教师在设计板书时，要体现简洁性原则。板书是将丰富的知识内容进行高度概括，用最精简的文字、最清晰的数量关系、最简明的图表等方式展现教学重点的一种技能。教师在设计板书时，通过文字的推敲、过程的提炼、重点的记录，使学生对教学内容有一个整体把握，进而使学生的学习更加有效。

板书设计的简洁性原则应遵循数学形象思维的特点。数学形象思维指的是依靠对形象材料的意识领会从而得到理解的思维方式。学生对直观的、形象的材料，更易建立思维表象。所以，教师在设计板书时，要遵循简洁性原则，抓住教学重点，建立形象思维，使板书起到辅助教学的最佳作用。

(二) 运用板书技能的注意事项

教师在板书时，应注意以下几点。

1. 紧扣教学内容，合理规划

教师在设计数学板书时要注意两点：一是教学内容；二是教学目的。教学内容是设计板书的依据，决定板书内容的取舍；教学内容不一定全是板书内容，而板书内容体现了主要的教学内容。教师只有将这两点有机联系起来，并以此为出发点来设计板书，才能发挥其在完成教学任务方面有力的辅助工具的作用。教师应按照教学内容的知识结构设计板书，紧扣教学目标，合理构架。教师设计的板书要体现各部分之间的关系，如从属关系、并列关系、因果关系或递进关系等。在组织教学时，板书要体现学生的认知过程和思维过程，讲究先后次序，哪些内容写在前面（为后面的知识做铺垫），哪些内容写在后面，都应该有章可循。为此，板书的方案一定要在备课的教案上设计出来，不能在课上随机进行。若课前准备不足，很容易造成板书条理不清，尽管有设计方案，但看不出"纲"与"目"，既缺乏本节课知识的独立性，又难以体现教材前后的内在联系。

2. 板书设计追求示范性

首先，数学板书的内容不能出错，并且要完整。数学教学是严谨的，数学课堂教学很大一部分时间花在数学板书上，板书内容是数学教学的重点。如果板书内容出现了错误，就会带来不良的影响，甚至导致整节课的失败。其次，出现在板书中的文字、数学符号及数学图形必须准确、规范、科学。文字要规范，笔顺要正确，要写标准简化字，不写错别字和繁体字；一行字要写平直，不可越写越歪；数学符号要符合标准，要注意新旧教材的不同，不写个性化的数学符号；作图要准确、直观，一定要用辅助工具作图，不要图方便而随手作图，否则容易让学生在做作业时养成随手作图的坏习惯。

优秀的板书应像一份专刊，字迹美观，数形并茂，重点醒目，疏密有致，布局均衡，不仅给学生树立模仿的榜样，也给人以美的享受。如果教师在板书时随心所欲，数学符号不准确，文字出现错别字，数学图形不标准，将会给学生造成消极影响。正因为板书对学生具有很强的示范性，它对学生个性品质、作风和思想都是有影响的，所以必须引起教师的注意。

3. 养成好的板书习惯

教师的板书习惯，对学生有潜移默化的影响。板书习惯往往体现在一些小的方面。板书时，教师难免会产生一些笔误或者要修改的地方，有的教师图方便用手直接擦去这些内容；还有些教师使用粉笔时，乱扔粉笔头。这些动作虽不起眼，但由于教师本身具有示范性，易对学生产生影响。有的教师只顾板书，面朝黑板背对学生，既挡住了学生的视线，又影响了知识的传授。因此，教师板书时要注意姿势，要学会边交流边写，板书姿势应使教师的目光既能看到黑板，又能随时观察到学生的表情，同时也不遮挡学生的视线，这样就能够做到随时与学生交流。

4. 切勿过分依赖多媒体

伴随着科技的进步，多媒体技术在课堂教学中被广泛应用。相较于传统板书，有的教师对多媒体的应用更为偏爱，甚至过分依赖多媒体。这样不利于学生对数学思想和方法的认识、领悟，使得课堂教学效果欠佳。多媒体的使用应该与板书灵活配合，做到适时、适当和适量。

5. 注意配合，提高教学效率

板书要注意与其他教学活动相配合，这种配合首先是与讲解的配合。其次，板书的书写、图形的绘制、媒体的演示、讲解的分析等，都要注意教学时间的控制。

板书要把握好时机，相机而动，力求顺理成章，避免随意性。对于一幅内容相同的板书，教师在板书时是否能够做到与其他教学活动的灵活配合，其所得到的教学效果会有着极大的不同。教师在板书时，往往是学生自主思考、最易于受启发的时间，也是培养学生数学思维的最佳时机。一般情况下，教师往往是边讲边板书边启发学生，而学生是边听边记边思考。讲到教学的难点、重点、关键处，板书要考虑断点设置。此时，教师要控制板书的进程，适时停下来，让学生有思考的时间，想一想下一步如何做，然后对所写的板书进行分析与讲解，再继续板书，直到结束；或者先分析讲解，再写板书。一名优秀的数学教师在板书时，常常会进行断点设置和有意失误，能够把握关键之处，边讲边写，层次递进，做到板书和讲解统一起来，让学生去发现错误，进一步加深学生对知识的印象，把数学知识结构和学生的认知过程以及数学思维的发展完整地体现出来。

第三节　小学数学课堂教学的导入技能

课堂教学导入技能是教师在课堂教学中一项最基本的技能。课堂导入是课堂教学的起始环节，是课堂教学必不可少的组成部分。俗话说："良好的开端是成功的一半。"课堂教学中的导入环节是非常重要的，它在一定程度上可以决定一节课的成败。或者说，课堂导入的优劣会直接影响到后续整个课堂教学的进行和发展。

一、课堂导入技能的概念

导入技能是数学课堂教学的重要组成部分，是教师进行课堂教学必备的一项基本技能。一般来讲，教师讲课导入得当，就能吸引学生的注意，唤起学生的求知欲，燃起学生智慧的火花，使学生思维活跃，勇于探索，主动地去获取知识。一节课的开头，导语具有先声夺人之效，善教者往往从激发学生的"疑""趣""情"开始，设法引导学生渴求新知。

导入包括"导"和"入"两个部分，可以分别理解为"教师引导"和"学生进入"。导入是教师在讲授新课时创设问题情境的教学方式，它包括引起学生注意，激发学习兴趣和动机，明确学习目标，建立知识间联系的教学行为。无论是开始新的学科、新的教学单元，还是一节新课，甚至是教学过程中引发学生的思维活动，教师都必须发挥良好的导入技能，吸引学生的注意力，创设统摄全篇的情境，对整节课定出基调，使学生感到新的教学内容充满了无穷的趣味，具有引人入胜的效果，进而打开学生心扉，为活跃学生的思维、营造良好的课堂心理气氛创造良好的教学条件。良好的课堂导入虽是教学过程的开始阶段，但它却是基于教师对整个教学过程和学生实际知识水平及数学理解能力的通盘考虑，熔铸了教师的教学风格、智慧和修养，体现了教师的教学观念。

一个完整的导入过程由引起注意、激发兴趣、启迪思维、明确目的、进入课题五个环节构成。在具体操作过程中必须灵活运用，不能机械照搬。有时这五个环节的界限并不明显，甚至互相交融；有时导入并不需要这样完整的五个环节。因此，教师在导入过程中必须具体情况具体分析，做到科学性和艺术性、规范性和灵活性的统一。

二、课堂导入的功能

精彩的导入可以为整节课的教学奠定良好的基础。新课或者新知识的导入是建立在已有的经验或联系旧知识的基础上，以旧引新或温故知新，促进学生知识的系统化。通过导入，可以将新、旧知识联系起来，扫除学生在学习新知识过程中可能要遇到的思维障碍，突出新知识的生长点，将学生带入有利于学习新知识的"最近发展区"，为新课的展开创造良好的条件。

课堂教学的导入好像戏剧的"序幕"，它的明显特征是在教学一开始就起着酝酿情绪、集中注意力、渗透主题和带入情境的作用。

课堂教学的导入要求教师不仅要运用情感手法，更要注重创设情境，从而使学生在听讲的过程中以置身其内的角色来进行体验，为之所感，为之所动，以积极的心态进行数学学习。良好的课堂导入具有以下功能。

（一）创设学习情境，引起学生注意

通常情况下，如果学生从学习一开始就不能集中注意力，那么教师在教学过程中再去吸引他们的注意力就不太容易了。教师应在一节课的开始，选用适宜的导入方式，给学生较强的、较新颖的刺激，帮助学生

收敛与学习新课无关的一切思绪和行为，在大脑皮层和有关神经中枢形成对本节课新内容的"兴奋中心"，把学生的注意力迅速集中并指向特定的教学任务和程序之中。学生的注意力在上课一开始便被深深吸引，就会兴趣盎然地期待接下来的教学内容，为完成新的学习任务做好心理准备。

（二）形成学习期待，明确学习目标

学习期待是学生对学习目标的意识，形成学习期待是导课技能中，使学生明确学习目标的教学行为方式。教学目标制定出来后，想要成为学生的学习期待，还需要教师在课堂教学中做更具体的工作，使学生对教学目标有所意识，进而变成学生自己的学习目标。这也是课堂导入所要解决的问题。教师在上课伊始的导入中，就要让学生明确本节课学习的目的、任务及教学活动方向、方式，把学生的注意力集中到学习新课中来，使学生对学习程序做到心中有数，产生对学习的迫切期待，从而有目的、有意义地开展定向学习活动。良好的课堂导入，能使学生明确学习所要达到的目的和要求，使每个学生都了解他们要做什么，应达到何种程度。只有当学生清晰地意识到所学知识的地位和作用时，才能产生学习的自觉性，迸发出极大的学习热情。

（三）激发学习动机，引起学生兴趣

成功的教学需要的不是强制，而是激发学生的兴趣。兴趣是入门的向导，是感情的体现，能促使动机的产生。兴趣是学习动机中最现实、最活跃的成分之一，是学习取得高效率的催化剂。学习动机是直接推动学生进行学习的内在动力，学生在兴趣的牵引下，有了强烈的学习欲望和冲动，乐于学习，这有利于提高他们对数学学习的主动性与积极性，从而达到理想的教学效果。在教学中，教师要想方设法地提高学生的学习兴趣，用学生喜闻乐见的形式，如典故、游戏、教学模具的展示等，充分调动学生的兴趣，引导学生在愉悦的氛围中进行学习。

（四）构建知识桥梁，温习旧知，引发新知

教育心理学家奥苏贝尔指出，影响学习的唯一重要因素，就是学生

已经知道的东西，教师要探明它，并据此进行教学。数学学科的知识逻辑性很强，新知识都是以旧知识为基础发展而来的。教师在讲授新知识之前，可以先组织学生复习原有的旧知识，引导学生从新旧知识的密切联系中发现新旧知识的不同点及内在联系，促使学生建立新旧知识间有效的联系，让新学知识在原有知识结构的基础上进行，使学习成为有意义的学习。

三、课堂有效导入的原则

一般来说，刚上课的五分钟是学生注意力难以集中的时候，教师导入得法，片刻之间就能营造一种浓郁的学习氛围，学生上课的积极性就能得到充分调动，并迅速进入良好的学习状态，进而为师生学习教学内容奠定良好的基础，达到教学相长的目的。为有效开展课堂导入，教师应遵循以下几个原则。

（一）求效能，反映针对性

不管哪一类型的导入设计，都要有针对性、可接受性。针对性是指导入设计要根据教学目的而确定，围绕教学重点难点来设疑，而不能跑题，不要脱离具体的教学内容去摆噱头。可接受性就是指问题设计要符合学生的年龄特点，深浅适中，既不能使学生感到高不可攀，也不能使学生感到索然无味。

1. 针对教学目的和内容

导入必须与课堂教学有机地结合在一起，针对教学目的、教学内容，采取恰当的导入策略，选择恰当的导入方法，以提高课堂教学效果。只有教学目的和教学内容都兼容的导入才是最好的导入。这体现了因地制宜的理念。

因地制宜主要体现在两个方面：一是不同类型的课型要采取不同的导入策略，选择不同的导入方法。新授课、练习课、复习课、实验课等不同类型的课由于教学目的和教学内容的不同，所采用的导入也会有所区别。二是即使是同种类型的课，也要根据不同的教学内容采取不同的导入策略。如果课堂导入不能启迪学生积极思维,那么学生是很难进入角色的。

2. 针对学生实际

针对学生的实际主要指针对学生生理、心理发展水平和知识储备的情况来制定导入策略。在以人为本的学习理念中,学生是学习的主体,导入的效能要通过学生才能体现,因此,无论采取什么导入策略,都应该考虑学生的接受度。

现在的学生学习渠道拓宽了,他们的学习准备状态有时远远超出教师的想象。因此,了解学生的原有知识,找准教学起点尤为重要。

(二)求精炼,体现概括性

因为导入只是引路,开启思维,突出教学重点,诱发学习兴趣,而不是正式讲授新课,所以它要切中要害,言简意赅,不能庞杂烦琐和冗长。一般来说,小学生的有效注意力集中时间大致为 5~25 分钟。因此,导入在时间上不能占用过多,一般以 3~5 分钟为宜,导入时间过长就会喧宾夺主。导课的基点在"导",因此,教师在情境设置上不要故意绕圈子、走弯路,语言上滔滔不绝而不着边际,而应用最有效的方式、最少的时间、最快的速度,做到内容精练、讲解精彩,从而迅速缩短教师与学生之间以及学生与教材之间的距离,将学生的注意力集中到听课上来,否则就会适得其反。

(三)求巧妙,激发乐学性

所谓"乐学"教育,即学生乐于学习,它的内涵是非常丰富的。首先,它表现为学生对学习具有一种积极主动的进取态度,标志着学生的学习主体性在教学过程中的真正确立;其次,让学生在积极的情感氛围中体悟学习是"乐学"教学的起点,而"乐学"的最高境界则是学生的学习行为已达到"以苦为乐"的境地。因此,在数学课堂上,教师应思考如何通过巧妙的导入让学生"乐学",去寻找教学的最佳切入点。而能激发学生"乐学"的巧妙导入应体现以下几个特性。

1. 有趣味

心理学家布鲁纳认为，最好的学习动机是学生对所学材料有内在兴趣。兴趣是学生学习动机中最现实、最活跃的因素，是学生获得知识、扩大视野、丰富心理活动的最重要动力。从少年儿童的心理发展水平来看，由于他们年幼，生活经验有限，对学习的社会意义理解不够深刻，他们的学习积极性和直接兴趣的强弱成对比。因此，教师应调动教材中的趣味因素，设计出令学生耳目一新、学兴盎然的乐学情境，有效地调动学生的主观能动性，使学生全身心投入课堂活动中去，在轻松愉快的氛围中接受和掌握知识，陶冶情感，从而取得良好的教学效果。

2. 有启发性

好的导入应富有启发性，能激发学生强烈的求知欲，启迪学生的思维，充分调动学生的学习积极性和主动性。设疑置问是课堂教学中点燃学生思维智慧的火花，是激发学生学习兴趣的启动器，因而，它也就成了课堂教学中导入的主要方法。教师在导入时，要根据新知识的难易程度和教学实际，精心设计出一些学生"跳一跳，够得着"的问题，促使学生产生学习的认知兴趣，引起学生的好奇心理，从而达到锻炼学生思维的目的。

3. 有新意

课堂教学没有固定的套路，课的导入也不能千篇一律，而应遵循新颖多样的原则。心理学家认为，任何新奇的东西都容易成为关注的对象。

新一轮基础教育课程改革强调培养学生的创新精神，因此，教师要树立起创新意识，并将这种意识实践到课堂教学中去。具体到课堂导入，就是导入要具有新颖性。所以，教师在设计新课导入时，要把与新课内容相关的、符合教学对象"口味"的、新颖的、在社会生活中出现的新事物或新问题引入教学，这样才能常教常新，才会给学生以新鲜感，只有"新"，才能吸引学生的注意力，才能激发学生的参与热情。

（四）求直观，倡导形象性

小学生由于年龄、心理特点，其思维还是以直观形象为主，因此，采用直观教学至关重要。教师可以使学生一开始便进入所创设的直观教学情境之中，使学生受到感染。除了实际事物外，教师还可以采用精美的图画、美妙的音乐、精彩的电影片段等，展现情境，给学生以鲜明生动的形象，唤起学生在头脑中具体事物的表象，给学生以感性认识，使学生的注意力很快被吸引到所展示的意境之中。

四、数学课堂导入的策略

课堂导入策略是指教师运用一定的教学媒体和教学方式，引起学生注意，激发学生学习兴趣，使学生产生学习动机、明确学习方向和建立知识联系的一种教学策略。它的目的在于集中学生的注意力，激发学生的求知欲，帮助学生明确学习目标，引导学生积极地接受教师的启发、引导，形成学习的内部动机，创设情境，沟通师生心理，提高教学实效性，为更好地学习新课做好铺垫。

结合实际运用，可以通过具体的课型来分类讨论不同的导入策略。课型即课的类型，可分为单一内容课与综合内容课，单一内容又可分为以传授新知识为目的的新授课，以培养学生技能、技巧为目的的练习课和实验课，以整理巩固知识为目的的复习课，等等。这里主要探讨单一内容的新授课、练习课、复习课的各种导入策略。

（一）新授课的导入

新授课是以传授新知识、形成新技能为核心，促进学生智能发展的课型，是课的类型中的一种最基本的类型，在课的体系中有举足轻重的地位。

新授课的导入对一节课的成功起着至关重要的作用。新授课的导入策略可以有多种，如在导入内容的处理上，教师可以用学生喜闻乐见的、与学生生活联系紧密的知识，或者用一些学生平时虽然不太了解，但富有吸引力的，能很快激发学生学习热情的新的信息等，使学生把注意力放在将要接受的学习内容中。

1. 教师独导策略

教师独自导入（简称教师独导），即以教师为操作主体的课堂导入，指在开始教学时，教师充分发挥教师的主导作用，用简明扼要的语言、动作表演等方式，直截了当地揭示本节课的主题，阐明本节课的教学目标，使学生迅速进入学习情境的一种导入方法。教师常用的独导方法有以下几种。

（1）讲述导入

讲述导入指教师通过讲故事或讲相关知识点的背景，以言语的形式导入新课的内容。

（2）展示导入

展示导入是指教师通过实物、模型、图表、幻灯、投影等教具的演示，引导学生观察，提出新问题，从解决问题入手，自然地过渡到新课学习的方法。此法有利于学生形成生动的表象，由形象思维过渡到抽象思维，因此在小学各年级数学教学中运用较广。

教师在运用展示导入法时，应注意三点：第一，直观演示的内容必须与新教材有密切的联系并能为讲授新教材服务；第二，要让学生明确观察的目的，掌握观察的方法；第三，教师要善于抓住时机提出问题并引导学生积极思考。

（3）提问导入

提问导入是最常用的导入方式。教师通过提出一些与新课内容有关的、学生已了解的有趣的问题，借助问题将学生置于一种"心求通而未得"的境地，利用问题来激发学生想要了解该问题的好奇心，进而导入新课。

（4）实验演示导入

这种导入方式是教师在讲授新课之前先做一个小实验让学生观察，通过提问或指导学生观察，使学生看到某一现象，然后通过分析归纳，以得出的结论或观察到的现象导入新课的方式。这种导入方式能帮助学生认识抽象的知识，而且还能激发学生的思维。通过观察和操作实验，学生的多种感觉器官并用，有利于激发学生的学习兴趣，活跃课堂气氛。

教师运用此导入法时，应注意两点：第一，实验的设计要巧妙、新颖、有针对性；第二，要善于根据实验中出现的现象和结果来提问和启发，以促使学生去思考和探究。

2．师生共导策略

师生共同导入（简称师生共导），指教师引导学生参与教学过程的导入，是以学生为中心，通过师生互动（如师生问答等）设计导入环节。

（1）以旧引新，衔接导入

数学教材是遵循知识的新旧交织、螺旋上升的原则而编排的。新旧知识之间联系紧密，旧知识是新知识的基础，新知识是旧知识的延伸。新知识是在旧知识的基础上发展起来的，旧知识对新知识起迁移作用，但也干扰或束缚着学生对新知识的探索。教学时，教师应找准新知识的支撑点，从学生已有的生活经验、知识背景出发，把学生引入新知识的学习探索中去。

（2）创境设疑，引人入胜

数学知识比较抽象，学起来索然无味。这就要求教师在教学中应把数学问题转化成学生关心的问题。所谓创设情境，就是按照教学内容与教学要求，设计适合学生学习某一内容的情境，使学生产生身临其境的感觉，激发学生有目的地去探索，从而使学生既掌握知识，又发展智力。

（3）设置游戏，激趣导入

游戏导入是指教师通过组织学生做与教学内容密切相关的游戏，使学生在游戏中不知不觉地进入学习状态的一种导入。通过游戏，学生的学习欲望被激发出来，进而自觉地投入学习过程。

（4）开启操作，探究引入

没有亲身的体验，没有积极的动手活动，很多知识便如同过眼云烟，很难扎根在学生脑海中。把"学数学"变为"做数学"，把"模糊的数学"变为"清晰的数学"，让学生在动手操作的过程中去体悟与理解知识，是新课标大力倡导的教学思想，也是课堂导入中值得提倡的。

（二）练习课的导入

练习课是课堂教学的重要组成部分，是在学生理解新知识的基础上，为巩固所学知识、形成技能的一种基本活动方式，它以学生的独立练习为主要内容，是培养学生能力的一种重要手段。一节成功的练习课离不开艺术性的导入，理想的导入会引起学生的浓厚兴趣，提高学习效果。然而数学练习课与新授课比较，未免显得平淡无味，那么教师该如何导入呢？就此略谈如下几种数学练习课常用的导入策略。

1. 揭示主题，明确要求

练习课是新授课的延续，以做练习为主，这样的课如果在导入阶段不能使学生明确要求，而只是让其盲目地做题练习，很容易使学生产生兴味索然的感觉。所以，有效的练习课应该先让学生明确练习课的目的和要求，而教师导入时直接揭示主题、明确要求是最有效的措施之一。

2. 创设情境，趣味导入

教师在教学中要培养学生正确的数学应用观。对于抽象的数学知识，创设生动有趣的练习情境更能吸引学生主动地、高效率地参与学习。培养学生自觉应用数学的意识，能让学生真正掌握知识，使数学知识生活化，从而提高学生的数学知识的应用能力。

3. 生成材料，铺路导入

所谓"铺路"，是指学生参与练习材料的生成和呈现，旨在把教材中练习内容静态的知识设计成动态的教学过程，为之后的练习过程展开铺好路，它体现了学生的学习主动性和对生成材料的负责性。

4. 错题呈现，反馈导入

在练习课上，教师如果简单地让学生操练，学生的兴趣肯定不高，因此，教师可以把平时的错题利用起来，以达知识的"实"。但为了吸引学生的学习兴趣，教师可以改变错题的呈现形式，并以此导入练习课。

（三）复习课的导入

复习课通常在学完一个单元之后进行。复习课的主要作用是通过单元知识的系统复习，帮助学生更清晰地理解和记忆所学的知识点，使学生能建立良好的知识网络结构；帮助学生厘清学习思路，弄清知识的来龙去脉；帮助学生查漏补缺，消除疑难，提高运用知识和解决问题的能力。

导入作为复习课的起始环节，在一定程度上可以为复习课的顺利进行定下基调，指引复习课的方向。教师如果过导入得当，就能调动学生的学习积极性、主动性，提高学生复习的质量。一般来说，教师可以采取以下几种方法进行复习课的导入。

1. 自主回忆，整理导入

在之前的每一节数学课中，学生获得了许多零碎的知识，这些知识只有通过回顾、整理去系统地感知，才能真正的消化吸收。因此，培养学生的自主整理能力是非常必要的，它不仅能使学生学得更扎实，还能发展学生多方面的能力。因此，在开展单元复习课时，教师可以让学生自主整理，以提高学生的反思能力和知识的重组、迁移能力。

2. 任务单引领，练习引入

任务单是教师设计提供给学生进行探究学习以达到教学目标的一份材料。完成任务需要综合运用已有的知识模块，或借助丰富的生活背景，或突破固有的思维框架。教师应该尽可能地让学生自己去理解任务，从而培养学生解读任务的能力，同时也为接下来单元知识的全班交流反馈奠定基础。

3. 自主构建，开放引入

开放的复习课并不需要设计许多问题和习题，否则会让学生感到应接不暇、眼花缭乱，产生厌倦的心理。教师应该懂得，有时过多、过细的复习材料反而会牵制学生的活动，阻碍学生思维的发展，减弱学生的学习兴趣。少而精的复习材料反而能让学生抓住重点，发挥学生的能动作用。

在实际教学中，导课类型和方法模式不是固定不变的，许多方法可以交叉使用，教师应根据学生的年龄、心理特点等，结合数学教学的具体内容，认真选择导入方法，进而提高教学质量。

五、数学课堂导入的注意事项

（一）必须重视导入设计

数学课程改革使得大多数教师感到课时紧、任务重，因而，有不少教师在课堂教学中将注意力集中放在了教学重点、教学难点的讲解和分析上，而对于导入环节没有十分重视，常常用几句简短的话语来代替。长此以往，将对学生的学习和整个的教学活动产生不良的影响。因此，作为教师，必须高度重视导入环节设计，它能起到提高教学质量的效果。

（二）必须联系学生实际

教师在设计导入时，不可避免地会从自己的理解和预想出发，但需切记不能忽视学生的反应。否则，可能出现的情况就是，尽管教师将导入设计付诸实际教学，但由于对学生的实际情况考虑不周，导致课堂秩序混乱，使学生的思路任意发散，难以集中。因此，导入一定要根据具体情况运用，学生的年龄特征、知识水平、认知特点等都是设计导入的基本依据。

（三）必须注重实际效果

导入是课堂教学的第一个环节，对于课堂教学效果有着很大影响，因此，教师要努力做好课堂导入，帮助学生将注意力和兴趣集中到教学内容上来。教师在导入的设计过程中，切忌故弄玄虚，不讲究导入使用的实际效果，要多从学生的实际出发，充分考虑学生的感受，将导入的有效性和目的性放在最重要的位置，紧紧围绕教学内容和教学目标设计导入，帮助学生尽快进入新知识的学习。

（四）必须紧密联系课题

导入是为教学中的中心课题服务的，一切都应围绕中心课题展开。导入的目的是向教学的中心环节过渡，要想过渡得好，就需要引起学生的注意，诱发学生的学习动机，激发学生思维。也就是说，导入是服从于中心课题学习的，因而导入一定要与中心课题学习紧密联系，教师要将二者放在一起整体考虑。

（五）导入切忌冗长烦琐

有的教师在设计导入环节时目的是很清楚的，与中心课题的联系也很密切，但是导入设计过于烦琐，带着学生思这想那，又是讲故事，又是找实例，兜了很大一圈才完成原本一两句话就能完成的任务，结果喧宾夺主，占用了大量的教学时间，使中心课题的学习因为时间关系没有得到充分的展开。导入是手段，更好地为中心课题的学习服务才是目的。所以，教师一定要根据实际情况，选择最恰当的导入方法，导入要短小精悍，不可过长过繁、颠倒主次。

第四章　小学数学的教学设计

第一节　教学设计概述

教学设计是根据教学对象和教学内容，确定合适的教学起点与终点，将教学诸要素做有序优化的安排，形成教学方案的过程。它既是一门科学，也是一种艺术。在实践中，教学设计往往还需要经验的支撑。因此，教学设计是教师的一项重要的基本功，是数学教学中的一个重要环节，是上好一节课的前提。

一、教学设计的内涵

教学设计是教师为达到教学目标而对课堂教学过程与行为进行的系统规划。教学设计是一个分析教学问题，设计、评价、修改解决方案的系统计划过程。

小学数学教学设计是以数学教育理论为指导，依据义务教育数学课程标准的相关要求和教师的经验，基于对学生需求的理解、对课程性质的分析，对教学目标、教学内容、教学活动、教学方式等进行规划和安排的过程。

教学设计的过程实际上就是为教学活动制定蓝图的过程。通过教学设计，教师可以对教学活动的基本过程有一个整体的把握，可以根据教学情境的需要和教育对象的特点确定合理的教学目标，选择适当的教学方法、教学策略，采用有效的教学手段，创设良好的教学环境，实施可行的评价方案，从而保证教学活动的顺利进行。另外，通过教学设计，教师还可以有效地掌握学生学习的初始状态和学习后的状态，从而及时调整教学策略、方法，采取必要的教学措施，为下一阶段的教学奠定良好的基础。

小学数学教学设计的研究对象是不同层次的学与教的系统。小学数学教学设计可以是针对整个小学数学课程的课程标准与实施方案进行的设计，也可以是针对一个学期、一个单元、一节课的教学计划进行的设计，即通常所说的"学期计划""单元设计"与"教案设计"。

二、教学设计的特征

（一）超前性和预测性

教学设计是预先对教学活动的事先安排。教学设计是在教学活动之前进行的，是事先对教学活动所做出的一种安排或策划，也就是说，设计在前，活动在后，设计必须在活动之前完成，具有一定的超前性。另外，教学设计先于教学活动出现，因此，教学设计需要考虑之前的教学经历，再结合对这一次教学的预测来进行此次设计。由于设计还没有实施，无法落实解决新问题的方法，因此它只是设想或预测相关问题的解决方法。

（二）以学生为出发点

教学设计首先要考虑它的服务对象的特点，即关注对学生不同特征的分析，并以此作为教学设计的依据。教学设计要充分挖掘学生的潜能，调动学生的主动性和积极性，体现学生的主体地位，促使学生内部学习过程的发生和有效进行。教学设计应关注学生的个别差异，并根据学生的不同特点为他们提供不同的学习指导。

（三）以教学理论和学习理论为理论基础

教学设计依赖系统方法，依据现代教学理论和学习理论，可以保证过程设计的完整性、程序性和可操作性，保证设计对象的科学性。在现代教学理论的指导下，只有对教学目标、教学过程、教学内容及教学策略等进行科学的剖析，才能保证教学设计可以取得优化的教学效果。

（四）以解决问题为中心

教学设计的目的是促进学生学习，因此，教师在进行教学设计时首先就要考虑学生所面临的学习问题，确定问题的性质，分析研究解决问题的办法，最终达到解决教学问题的目的。可以说，教学设计就是以解决问题为中心的，这就增强了教学的针对性，提高了教学的有效性，缩短了教学时间，提高了教学效率。

（五）强调运用系统方法

教学设计把教学过程视为一个由诸要素构成的系统，因此，教师需要用系统的思想和方法对参与教学过程的各个要素及其相互关系做出分析、判断和操作。教学设计从"教什么"入手，对学习需要、学习内容、学生进行综合分析；确定具体的教学目标，制定教学策略，选用恰当、经济、实用的媒体来呈现教学过程；对教学绩效做出评价，根据反馈信息调控教学设计的各个环节，以确保教学和学习获得成功。

三、小学数学教学设计的意义

课堂教学是学校教学工作的基本形式和中心环节，也是实施小学数学课程、实现课程目标的主要途径。要想提高小学数学的教学质量，就要做好教学前的教学设计工作。小学数学教学设计在整个教学中具有以下意义。

（一）有利于调控教学过程，提高课堂教学效果

教学设计制定了教学活动的全程工作路径。教师和学生一开始便能对即将从事的教与学的内容和目标有一个清晰的认识，双方对自己的行为均有一个积极的思想准备，并在教学的过程中通过及时的检测反馈，不断矫正教学活动的前进方向，从而保证教学活动的顺利进行。

（二）有利于学生科学思维习惯和能力的培养，提高学生发现问题、解决问题的能力

教学设计是系统解决教学问题的过程，按照问题解决的一般过程可

将其归纳为发现问题、选择和建立解决问题的方案、试行方案，以及评价与修改方案。可见，教学设计和传统的备课有明显的差别。在利用教学设计优化教学的过程中，一方面，教师要善于发现教学中的问题，用科学的方法分析问题，谋求解决的方案；另一方面，教师需要在设计、试行过程中不断地反思解决方案。在这个过程中，教师的科学思维习惯能够得到有效培养，发现、解决教学问题的能力也会逐渐提高。此外，这种解决问题的方法、技术和思维方式具有很强的迁移性，可用于其他相似的问题情境和实际问题中。

四、小学数学教学设计的基本过程

一般而言，小学数学教学设计的基本过程包括前期分析、设计教学方案和评价教学设计三大环节。前期分析主要是依据一定的教学理论，对学习需求、教学内容、教学对象三者进行课前的综合分析；设计教学方案是对前期分析的进一步深化，包括设计教学目标、设计教学内容和过程、设计教学媒介与手段等；评价教学设计是指对已设计好的教学方案进行形成性评价。由此可见，小学数学教学设计实质上是一个由三个环节构成的封闭的循环圈，如图 4-1 所示。

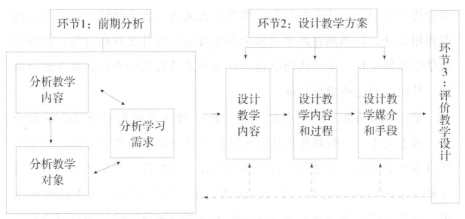

图 4-1　小学数学教学设计的基本流程

第二节 小学数学教学设计的前期分析

小学数学教学设计的前期分析包括分析教学内容、分析教学对象和分析学习需求。

一、分析教学内容

分析教学内容主要是对静态文本资料的分析，包括对课程标准、教学指导用书、教材等进行分析，其中，教材是静态文本的核心内容。教师要深刻领会新课程理念，读懂教学内容的教学价值，把握数学学科的核心内容，具体要从以下几个方面进行分析。

第一，从整体上掌握教学学习领域的知识结构，尤其是把握其中蕴含的数学思想和数学方法，明确本单元或本节课所学内容在整个学段或学习领域中的地位和作用，把握相关数学知识的背景、发生和发展的过程，把握新旧知识的连接点和学生认知结构的生长点。

第二，思考教材是怎样呈现教学内容的；研究教材编排的特点与意图，以及如何体现课程标准基本理念的；明确本课时或本单元要使学生学会哪些知识，熟练哪些技巧，培养什么能力，各个情境、习题的意图与作用是什么；预测在教学过程中学生可能经历什么样的过程，教师在教学中如何根据学生的认知结构、行为方式等提供创造性的最佳教学资源，从而顺利达成教学目标。

第三，分析教学的重点和难点。教学重点是指贯穿全局，带动全部，承上启下，在教材体系或课题结构中处于重要地位的内容；对学生终身发展有基础作用或有广泛运用的内容；有较高教育价值的内容。通常教材中的定义、定理、公式、法则、数学思想方法、基本技能训练等，都是教学重点。教学难点是指学生接受起来比较困难的知识或难以形成的技能，往往是由于学生的认知能力接受水平与新旧知识之间的矛盾造成的，也可能是学生在学习新知识时对旧知识掌握不牢固造成的。

难点的产生有多方面的因素。一般来说，知识过于抽象、知识的内在结构过于复杂、概念的本质属性比较隐蔽等都是产生难点的因素。

二、分析教学对象

教学对象分析也称学情分析或学生分析。学生是具有主观能动性的个人，自身的身心发展会随着知识的习得而发生改变。教师在进行教学设计之前，需要对学生现有的知识基础、学习能力、身心特点、兴趣爱好、认知特点等进行客观、系统的分析，为后续教学目标的确定、教学内容的组织和教学策略的确定等提供有效的依据。教学对象分析是小学数学教学设计的必要组成部分。

教学对象分析一般由两个方面的内容构成：一方面，对学生主体存在的认知水平或程度、需求水平或程度的调查；另一个方面，教师针对所搜集的学前调查信息做出的统计分析。学生的认知水平或程度包括两类：一是已有的客观知识经过内化或类化所达到的经验状态；二是对即将学习的重点、难点知识的经验状态。学生的需求水平或程度是指学生主体对即将学习的内容应有的学习兴趣或积极的学习态度。学生是学习行为的主体，学生现有的知识基础、生活经验、思维能力、学习动机等会显著影响学生选择何种学习行为。

三、分析学习需求

一名优秀的小学数学教师在从事数学教学设计之初，首先关注的不是学生要学什么数学知识，而是学生学会这些数学知识能够做些什么。也就是说，教师必须明确学生今天学习的数学知识能为今后更好地运用数学提供何种帮助，并希望通过小学数学教学活动达到什么样的理想状态。这是小学数学教学设计的逻辑起点。

教师在进行数学教学设计之初，必须懂得并明确"三个不同"，必须准确把握小学数学教学的目的和任务。"三个不同"是指课程数学和科学数学的不同、大众数学和精英数学的不同、成人数学和儿童数学的不同。只有这样，才能更好地设计出真正满足促进学生发展需要的小学数学教学方案，才能真正基于学生，提出学生要学且符合其能力特点的数学学习内容。

对学生学习需求的分析是一个对数学课程需要、生活需要、学生需要和可依赖的学习条件等因素进行系统剖析的研究过程，包括外部需要分析和内部需要分析。学习的外部需要分析是指从数学课程标准、数学学科教材和生活需要出发，从整体上形成一个逻辑严谨、有先后顺序且环环相扣的知识链，并明白特定知识中先行知识和后继知识之间的关系。学习的内部需要分析是指从学生特定心理和认知特征出发，将学生的现状与学习目标相比较，找出二者之间存在的差距，并揭示出学生迫切需要学习的内容。学习的内部需要有一定的共性，但更多的是个性，常常因班级、学生个体而异，有待于教师加以个性化分析和把握。

对学生学习需求的分析至少要充分考虑五点内容：①了解不同年级的学生在数学学习和思维上的心理特征和认知规律；②关注学生在能力、兴趣、性格和学习风格等方面的个别差异；③充分考虑学生已有的生活经验和认知起点；④客观分析学生学习现状与预期学习结果之间的差距以及产生差距的关键原因；⑤了解可利用或可借助的相关教学资源和教学条件等因素。

第三节　小学数学教学目标的设定

教学目标是一个多层次的系统，分为学科（数学）课程目标、阶段教学目标、单元教学目标和课时教学目标。这里所说的教学目标特指课时教学目标，它是教学设计的核心，是教学活动设计的出发点，也是教学活动效果评价的落脚点，这一层次的目标是目标系统中最具体的。

一、教学目标的三个维度

小学数学课程的总体目标可概括为四个方面：一是要学习数学知识，包括数学事实与数学活动经验；二是会用数学进行思考与解决问题；三是体会数学的价值；四是能创新发展。新课程标准又将教学目标分成三个维度：知识与技能目标、过程与方法目标、情感态度与价值观目标。

知识与技能目标既是数学教学的出发点，又是数学教学的归宿，教与学都是通过知识与技能来体现的。知识与技能是传统教学的核心，是教学设计应关注的主要内容。

过程与方法目标既是数学教学的目标之一，又是课堂教学的操作形式。新课程提倡学生对学习过程的体验和对解决问题的策略与方法的选择，是在知识与技能目标基础上对教学目标的进一步拓展。

情感态度与价值观目标既是数学教学的目标之一，又是课堂教学的动力源泉。新课程倡导教与学的情感体验、态度形成、价值体现，是在知识与技能、过程与方法目标基础上对教学目标的深层次拓展。

三维目标有着紧密的内在联系，它们在教学活动中互相渗透、互相补充，不能割裂开来，不能孤立地运作，教师在设计教学目标时应努力实现三维目标的整合。

二、小学数学课堂教学目标的陈述

（一）课程目标的陈述方式

在数学课程标准中，课程目标的陈述方式可以分为结果性目标的陈述方式和体验性或表现性目标的陈述方式两类。

结果性目标的陈述方式，即明确告诉人们学生的数学学习结果是什么，所采用的行为动词要求明确、可测量、可评价，如了解、认识、理解、掌握、灵活运用等。这种方式指向可以结果化的课程目标，主要应用于"知识与技能"领域。

体验性或表现性目标的陈述方式，即描述学生自己的心理感受、体验或明确安排学生表现的机会，所采用的行为动词往往是体验性的、过程性的，如经历、感受、体会、探索等。这种方式指向无须结果化或难以结果化的课程目标，主要应用于"过程与方法""情感态度与价值观"领域。

（二）课堂教学目标的陈述

1. 知识与技能目标的陈述

行为目标陈述指采用可观察和可测量的学生的具体行为来陈述教学目标，即指明经历教学过程后，学生身上所发生的行为变化及其程度。常常适用于基础知识类教学目标和基本技能类教学目标的陈述。规范的课堂教学目标一般包括四个要素：行为主体、行为动词、行为条件和表现程度。

（1）行为主体。行为主体必须是学生而不是教师，目标描述的是学生的行为，而不是教师的行为。因为判断教学效果好不好主要是看学生有没有取得具体的进步，而不是看教师有没有完成任务。例如，有的教师将教学目标写成"使学生……""培养学生……""让学生……"等，这都是错误的表述。应将其规范地表述成类似于"学生能……""学生会……"等。

（2）行为动词。行为动词是指用以描述学生所形成的、可观察的、可测量的，或者是体验性的、过程性的具体行为的动词。说明学生在数学教学过程结束后应达到什么要求，如"画出直角三角形、锐角三角形"。

（3）行为条件。行为条件是指影响学生产生学习结果的特定限制范围，为评价提供参照的依据，也就是指出行为变化是在什么样的约束条件下产生的。这些约束条件有时间限制、完成方式、使用工具等。例如，"使用三角尺画出直角三角形"中的"使用三角尺"就是"画出"这一行为的条件，在句中作状语用。

（4）表现程度。表现程度通常是指学生通过学习所应达到的最低水准，用以衡量学习表现或学习结果所达到的程度。目标表述的是基本的、共同的、可达到的教学标准，而不是无法实现的最高要求。例如，"10 次中若有 8 次能正确画出直角三角形，就算基本认识了直角三角形"，但这里的表现程度往往是省略的。

2．过程与方法目标的陈述

过程与方法目标的陈述重在明确规定学生应参与和经历的活动及情境，描述学生在活动中应表现出来的行为和态度，而不必说明学生在从事活动后学到了什么。具体陈述方法是先说明学生参与的是什么样的活动或情境，然后选用某一目标水平下恰当的行为动词，明确其相对应的教学内容，二者构成动宾短语来陈述。常用"在……活动中，学生感受……""在……过程中，学生体验……""在……情境下，学生讨论……""经历……探索活动，形成……""亲历……探究过程，发现……""尝试……解决……"等基本形式来陈述。

3．情感态度与价值观目标的陈述

一些教学目标无法用行为来描述，如学生内在心理发生的变化、情感态度的变化等。情感态度与价值观目标可分两步来陈述：一是用描述内容过程的术语来陈述一个"过程性"的一般性学习目标，以反映理解、运用、分析、创造、欣赏、尊重等内在的心理变化；二是列举反映这些内在变化的行为表现以阐述具体化目标，作为达到"一般目标"的证据，使内在心理变化可以观察和测量。这种陈述既强调了学生在情感和态度等方面不易被觉察的内在心理变化，又克服了其不可直接测量和操作的弊端，实现了"心理"和"行为"的灵活结合和相互渗透。

举例来说，如何确定"5 以内数的认识"这节课的教学目标？义务教育数学课程标准在课程总目标中与"数的认识"相关的要求有：经历将一些实际问题抽象为数与代数的问题的过程，掌握数与代数的基础知识和基本技能；经历运用数学符号和图形描述现实世界的过程，建立初步的敏感和符号感，发展抽象思维；学会与人合作，并能与他人交流思维的过程和结果；等等。在第一学段课程目标中，要求能认、读、写万以内的数，套用数表示物体的个数或事物的顺序和位置；能用数表示日常生活中的一些事物，并进行交流。

分析教材可知，教科书突破了以知识为主线的呈现方式，为学生提供了学习活动：找出野生动物园各种动物→数出图中的每一种动物→将1～5物化成小棒→抽象出1～5各数→认读1～5各数→摆自己经验中的图形等。

编写意图：通过"实物—图像—符号"的学习过程，逐渐舍去了现实对象的其他无关属性，让学生关注物体数量的多少，感知自然数基数的含义，初步建立起关于自然数的概念。这实质上是一个数学化的过程。这一过程中，也渗透了教学中的分类思想、对应思想和符号化思想。

教学内容的数学核心思想：①分类（构建集合）。按照不同的属性，将观察到的动物进行分类；②建立图像模型。用小棒表示相应集合中对应元素，引导学生从物体数量的角度观察事物，进而初步形成关于自然数的表象；③建立符号模型。用数字刻画集合中元素的个数；④自然数的应用。用数表达现实生活中事物的多少。

分析学生可知，刚入学的儿童对数的感知是模糊的，他们虽然大都能数出"1，2，3，4……"，也可以用数表达"几个人""几朵花""几颗糖"等具体数量，但是不能离开这些具体事物抽象出数，对数的基数和序数含义也不太清楚。在教学中通过"实物—图像—符号"这种知识的呈现方式，让学生经历从日常生活中抽象出数的过程，体会自然数的含义，有助于培养学生的数感和符号感，体现数学的教育价值。

由此，本节课的教学目标可以定位为：①了解5以内数字表示的数的含义；②会读5以内各数，能按物数数、按数取物，会用数字、实物或图形等多种方式表示物体的个数；③经历通过"实物—图像—符号"过程从日常生活中抽象出数的过程，体会1～5各数之间的顺序关系，初步培养用数学的眼光观察事物的习惯；④能积极主动地参与数学学习活动。

第四节　小学数学教学方案的设计

小学数学教学方案的设计通常包括以下几个步骤。

一、确定课程类型

（一）新授课

新授课是小学数学教学中最常见的课型。在这类课型中，需同时完成新知识的学习、巩固、形成技能和思维训练等教学任务。

这类课型的一般结构如下：

1. 检查复习。一般进行口算训练，使学生一开始就进入紧张状态，复习与新课有关的知识与技能。

2. 导入新课，揭示课题。

3. 讲授新知。这是主要内容，教师要全面展现本课的教学目标和教学要求，并运用各种策略和方法来处理相关的教学内容。

4. 巩固练习。在教师指导下，学生进行半独立的课堂练习，并可根据知识的系统程度和难易程度分成模仿性练习、变式练习、探究性练习等几个层次，练习后及时总结。

5. 课堂作业。教师必须留出时间让学生在课内完成一定数量的作业，对不同学习水平的学生可做出不同的作业要求。在学生做作业时，教师要巡回辅导，并当堂核对答案，以检查教学效果。

6. 课堂小结。

（二）练习课

在讲授一个小单元的新知识后，通常要安排一些练习课。其主要任务是帮助学生巩固和加深理解新授的知识，灵活掌握相应的技能和技巧。

这类课型的一般结构如下：

1. 复习。

2. 宣布练习内容与要求，使学生明确本节课练习的目的以及练习的内容。

3. 练习前的指导。简要分析以往的练习中容易出错的地方，或针对练习中出现的问题做补充讲解。

4. 课堂练习。安排充裕的时间让学生练习，教师及时了解学生练习情况，并对个别学生进行针对性的辅导。

5. 作业评讲。

6. 布置家庭作业。

练习课的关键在于练习设计。教师可根据实际需要，逐步推进不同层次的分组练习，如单一练习、基本练习、对比性练习、发展性练习、变式练习、综合性练习和探究性练习等。

（三）复习课

复习课一般在开学初、单元后、期中、期末和毕业前进行。其主要任务是对学习的知识进行归类整理，突出知识间的内在联系，梳理知识脉络，以便学生形成比较清晰、完整的认知结构。

这类课型的一般结构如下：

1. 宣布复习的范围和要求。

2. 复习。将学生学习的知识进行系统整理，并且重点复习学生的知识缺陷和容易做错的地方，这是这类课的主体。

3. 练习。要求学生综合运用所学知识，以体现知识系统性的练习题为主。

4. 评讲。复习课不是简单的练习课，要求教师做到四点：一要精心设计板书，对已学知识进行系统整理并突出重点和难点；二要激发学生的学习积极性；三要注意搜集学生练习中的常见错误，帮助学生弄明白原因；四要考虑体现习题的综合性、思考性和趣味性。

除了这三种常用的课型，还有测验课、评讲课和实习作业课等课型。

二、选择教学模式

（一）讲练结合模式

讲练结合模式就是在教学目标的统率下，把教师讲授和学生练习有机地结合起来，使讲和练互相促进，相得益彰，迅速而有效地实现教学目标，精讲精练，讲练结合。教师在对学科重点内容、疑难问题进行精辟的讲解后，让学生进行有针对性的练习，通过讲解和练习，使学生掌握知识，发展思维能力，使学生从学懂到会用，实现能力的转化。

讲练结合应是讲与练的有机结合，是讲中有练，练中有讲，寓练于讲，融讲于练，讲练一体化。若简单将一节课的教学时间机械地分成两部分或若干部分，先是教师讲，后是学生练，这是讲与练的机械堆积，不是真正的讲练结合。讲练结合中的"练"也不仅仅是让学生做书面练习。练的形式是多种多样的，在课堂上让学生归纳总结、举例说明、讨论辩论以及实验探究等都属于练的范围。

1. 讲练结合的要求

（1）练习设计要针对知识点、重点、难点、理论、方法、思想教育等教学目标，或者说，要把所要达到的目标分解或综合为特定的练习，以便学生在练习过程中围绕目标进行实践操作，然后教师再做精讲分析。

（2）设计的练习要有一定的深度，尽量采用有启发性的、生动的新材料，以激发学生练习的欲望。

（3）注意练习形式的多样性。一方面，习题类型要多样化，以便根据需要灵活穿插使用，并注意借助小黑板、多媒体等教学工具；另一方面，广义的练习不局限于习题，可采用师生问答、辩论、讨论、质疑、演讲、表演等多种形式，使整节课成为全方位的立体教学活动。这样看似浪费时间，实际上不仅能产生显著的课堂教学效果，还能给学生留下深刻久远的印象。

（4）讲练的难度和形式要针对教学内容，具体问题具体分析，设计出解决该问题的最佳方案。为此，对于一些重要问题、典型问题，要从不同角度、不同层次深入分析，设计方案，以便根据课堂发展变化灵活把握。尽量满足不同水平学生的需求，把能力培养落到实处。

2. 讲练结合的方式

（1）接受式。即先精讲概念、理论、方法等，再通过练习进行巩固、反馈。讲练模式侧重通过练习活动充分发挥学生的主体作用，但它没有忽视教师的"精讲"，有时甚至还通过教师的讲来发挥主要作用。必须注意，这里的"讲"绝非回到机械式的、填鸭式的讲授，而是要充分利用学生原有的知识结构，进行启发性的精讲分析，引导学生思维，扩大其知识结构。

（2）探究发现式。即由学生通过练习，综合运用新旧知识去探究、发现、总结和归纳规律。此种形式的一般方法是设疑以激发动机，提供材料和途径以分析论证，综合提炼以得出结论、方法。

（3）指导发现式。即在教师指导下，以练带讲，以讲促练，使讲和练融为一体。一方面，它要求教师要利用讲练手段充分把学生推上主动者、创造者的地位，并在学生的创造性行为和关键点问题上扮演好引导者的角色；另一方面，它要求教师要控制学生思维和行为的发展方向，逐步推动教学目标的实现。这是讲练结合模式较高层次的体现，运用得当，则会事半功倍。

（4）创造式。即向学生展示教学目标，提示读书学习方法，指导学生自学，让学生自己整理知识体系，并提出问题或设计练习。教师巡回个别指导、讲解，把好的问题、练习交由学生讨论解决，或让学生上台讲解。这种形式能挖掘出学生的深层潜能和创造性，学生的练习兴致也很高，但其要求高、难度大，应视具体情况适当把握，科学引导。

总之，讲练结合模式从整体来说是讲与练的有机结合，而其具体方式又是多种多样的。但要注意，它们并不是孤立的，只有根据实际需求在课堂上灵活运用，才能有效提高教学效果。

（二）引导发现模式

引导发现教学模式是教师根据教材的结构特点和学生的思想、知识、能力水平，将教材划分为若干个发现过程，然后遵循学生的认识规律和基础知识的固有特点，引导学生通过阅读、思考、讨论、听讲等途径主动去研究问题，总结规律，以达到获取知识、发展能力、提高觉悟的目的。这是一种以解决问题为中心，注重学生独立活动，着眼于学生的创造性思维能力和意志力培养的教学模式。

1. 引导发现模式的特点

（1）在教学任务上，学生要通过对问题的研究获得经验和学习知识，并在获取经验和学习知识的同时掌握研究问题的方法，以指导今后的学习，进而发展自己的创造才能，培养不断进取的精神和意志力。

（2）在教学活动上，学生在教师的引导下研究和解决问题，获取知识，充分发挥学生学习的主体作用和教师教学的主导作用。引导与发现这两种行为不断相互作用，从而达到教学相长的理想境界。

（3）在教学过程上，该模式总是从问题开始，通过调查研究，找出事物形成的原因和发展的规律性以解决问题。因此，引导学生搞好研究是教学的中心环节，而教学的准备、教师的引导都要为学生的研究服务。以解决问题为中心的教学要求在教学中为学生创设一个认识上的困境，使学生产生想解决这一困境的需求，从而认真去思考所要研究的问题。

2. 引导发现模式的教学基本程序

（1）划分发现过程，确定教学要求。教师在研究教材和了解学生实际的基础上，将教材划分为若干个发现过程，并制定出包括知识、能力、觉悟在内的教学目标要求。发现过程是以教材中某一知识或问题为中心，自提出问题开始，直到实现了对这一知识的发现、验证、巩固和运用的教学过程。

（2）努力创设一个有利于学生进行发现的情境。教师要给学生创造良好的学习条件；保证学生有充分的进行发现学习的时间；教师要热情地赞扬和支持学生所提出的独特见解；要用民主、平等的态度对待学生，允许他们提出不同见解；提倡师生之间、学生之间互相尊重。

（3）严密组织教学，积极引导学生的发现活动。学生的发现学习不是一种自发的活动，而是在教师的严密组织和积极引导下进行的。这一过程大致遵循这样的程序：设置情境—提供材料—给出问题—引导分析—得出结论—精讲要点—运用实际—得出启示。

（三）实践活动模式

实践活动模式是根据实践教学的需要探索并建立起来的一种优化教学的方法论对策系统。它是在一定教育思想的指导下，在丰富的教学经验的基础上，为完成特定的实践教学任务，经由逻辑归纳概括而成的，比较稳定、简明，具有可以操作和控制的结构性流程。实践活动模式是对实践教学的整体筹划和设计，是保证实践教学任务目标实现的形式。

实践活动模式的实施过程主要包括以下程序。

1. 创设情境，提出问题

无论是在课堂的教学活动中、学校的学习环境中，还是在家庭的日常生活中，都存在着值得研究的数学问题。课堂上，教师要满怀激情地投入课堂教学中，充分调动学生的学习积极性，根据教材的基础知识和基本要求以及学生的认知水平和心理个性，创设出能提出若干层次问题的情境，鼓励学生开放式地提出各种疑难问题。教师要注意引导学生去发现和提出各种数学问题，激发学生的学习兴趣，让学生能主动地发现问题、提出问题，培养学生自觉主动地用数学眼光"看世界"的意识。

在这一阶段，教师可以根据问题情境设计一个合适的实践方案。小学所学的数学知识绝大部分都可以在生活中找到原型，教师在教学中一定要联系学生的生活实际、已有的知识经验以及学生的年龄特点设计一些学生喜闻乐见的教学情境，调动学生学习的积极性。教师在设计实践方案时要注意两点：一是把教学内容融于生活实际之中，让生活实际为教学服务；二是设计的实践方案要符合学生的年龄特点，让学生乐于进入实践活动。问题既可以由学生自己提出，也可以由教师提出，其目的在于促进学生思考。问题的数量可以是一个，也可以是多个，教师要从中筛选出那些对研究活动富有成效的问题，进而明确探究方向，也可以形成相关的假说或猜测。在问题阶段要注意三点：一要注意问题的合适性，既要与学生的发展水平相适应，也要与学科课程内容相联系；二要提供探究的基本步骤和知识，便于学生利用它们进行探究；三要有一定的难度，既要能引发学生探究、求知的欲望，又要让学生乐于尝到探究的成果。

2. 自主实践，解决问题

手和脑之间有着千丝万缕的联系，手使脑得到发展，使之更加明智；脑使手得到发展，使之变成创造的聪明工具，变成思维的工具和镜子。苏霍姆林斯基的这一论述，阐明了动手操作与思维之间具有相互联系、相互作用、相互发展的辩证关系。动手过程是一个手脑并用的过程，是促进学生思维发展的一种有效手段，教学实践活动课应该以数学为内容，以实践为过程，在活动中学习。例如，观察、操作、游戏等丰富的活动能把一些抽象的数学概念变为学生看得见、摸得着、理解得了的数学事实，能使学生在大量感性材料的基础上，对材料进行整理，找出规律，逐步抽象、概括、获得数学概念知识，从而使抽象问题具体化。在活动过程中，一方面，教师要保证学生个体有足够的时间和空间进行思维活动和实践操作活动；另一方面，教师要当好主持人的角色，引导学生提出解决问题的方案、策略，并让学生进行讨论、判断，强化正确，纠正偏差，找到解决问题的最佳途径，让学生及时获得成功后的满足感。此外，教师还要让学生在实践活动中树立学好数学的信心，培养学生克服困难、承受挫折的意志和毅力，唤起学生的自主意识，使其主动地学习数学。通过讨论活动，开展学生之间的合作交流，既体现了动态生成的课堂，又使学生学会和谐地与他人相处，维持融洽的人际关系，最终达到心智的和谐发展。

3. 反思延伸，实践问题

最后这个阶段是整个教学实践活动模式中最重要的一个阶段。如果想运用所学到的数学思想和方法去解决生活中的数学问题，就需要对学习结果进行及时的反思和延伸。数学教育家弗赖登塔尔强调，反思是重要的活动，它是数学活动的核心和动力。所以在活动结束后，教师要引导学生用短短几分钟的时间，对所学的内容和实践过程及所运用的数学思想和方法进行回顾和思考。这样做不仅能对学生巩固课堂所学的新知识和加深理解相关的数学知识起到重要的作用，而且通过整理获得的研究问题的方法和经验，还会对学生思维能力的提升起到出乎意料的推动作用，从而激发学生的学习兴趣，活化学生对知识的运用，巩固学生积极的学习态度。反思过后再进行交流，学生往往能从一个新的角度对问题的思维过程进行全面的分析和思考，使思维进一步得到拓展延伸。

这一阶段的教学活动，既可以加深学生对问题的理解并使学生获得解决问题的经验，又可以让学生学会运用课本知识向课外拓展，从小课堂拓展到社会的大课堂，还可以让学生学会运用学到的数学思想和方法，解决一些生活中的实际问题。

（四）小组合作学习模式

小组合作学习模式具体包括以下程序。

1. 自主探究，合作交流

各小组根据教师提出的课题自主探究，合作交流，然后全班汇总。小组成员在学习内容和学习结果上有很强的相互依赖性，有效地调动了学生的积极性，实现了资源共享。各小组将自己探究的结果进行整合并再现出来，从而以合作形式完成教学任务。

2. 分配角色，分工合作

在小组合作学习中，教师分别指定协调员、读题员、记录员、操作员、计算员、报告员等，在不同的学习任务中，角色可能轮流互换，这样既保证了小组互助合作学习分工明确、秩序井然，又能使个人特长得以充分发挥，成员之间能力得以彼此协调。

3. 个人计算成绩，小组合计总分

在合作学习中，每个人都必须依靠自己的努力去独立完成任务，为

小组做出应有的贡献。那些学习较差的学生将在其他同学的帮助和个人的努力下不断进步。每个人努力发挥自己的作用，发扬团结及互帮互助的精神，小组成员共同进步。

4. 建立有效的评价机制

小组合作学习强调团队合作，以小组集体成绩作为评价的依据。因此，教师要为每个班级制定一张评价表，包括组别、上课、作业、检测、抽查等内容。

组别一栏中以小组为单位写上各小组成员的姓名，其他几栏中根据小组成员的表现给出一定的分数，定期总评一次并更换刷新。

小组合作学习的开展，既可以调动学生的学习积极性，又可以实现资源共享，减轻教师的教学负担。更重要的是，通过小组合作学习，能够加强小组成员的交流，培养团体精神，发挥榜样作用。数学的学习，兴趣尤为重要，教师应该充分地利用榜样作用鼓励学生进行交流与合作，适当地利用激励机制强化学生的学习动机，从而增强学生的信心和兴趣。

（五）自学辅导模式

自学辅导模式是在教师的指导和辅导下，以学生自学为主的教学过程。它的优点在于能更多地调动学生学习的主动性，并且能较好地发挥教师的主导作用，从而提高学生的学习成绩，培养学生独立思考、独立学习的能力。

自学辅导的课堂教学模式可以概括为"启、读、练、知、结"。"启"是启发，"读"是阅读，"练"是练习，"知"是及时知道结果，"结"是小结。"启"和"结"是由教师在开始上课和将要下课时对全体学生进行的教学环节，共占 10～15 分钟。课中的 25～30 分钟，是让学生自己进行"读""练""知"的学习活动。学生阅读课本，读到指令要求做练习时就做练习，并核对答案。在这期间，教师巡视课堂，不打断学生的思维，只对有问题的学生进行个别辅导，并发现共性的问题。

（六）"情境—问题"模式

"情境—问题"模式的核心是把质疑提问、培养学生的问题意识、提高学生提出问题与解决问题的能力贯穿教学全过程。

"情境—问题"模式有四个环节：创设数学情境、提出数学问题、解决数学问题、应用数学知识，这四个环节互相联系。创设数学情境是提出数学问题的基础，同时，提出的问题又可以作为一个新的数学情境呈现给学生；提出数学问题与解决数学问题形影相伴，携手共进；解决问题的过程中也可以发现和提出新的数学问题；应用数学知识本身就是一个解决数学问题的过程，在数学知识的应用过程中还可以提出有意义的数学问题，而一个好的数学应用问题本身又构成一个好的数学情境。

实施该教学模式的教学方法：教师应采取以启发式为核心的灵活多样的教学方法，其主要目的是激发学生的思维，点拨学生的思路；学生应采取以探究式为中心的自主合作的学习方法，既要学好科学知识，又要掌握学习方法。

该教学模式的研究为基础教育数学课程教学改革提供了一种新的基本教学模式。它是创新教育落实在数学学科教育的切入点与突破口，对于培养创新型人才和缩小城乡教育差距具有重大的意义和深远的影响。

三、设计教学顺序

教学顺序包括数学教学内容呈现的顺序、教师活动的顺序和学生活动的顺序。其中，教师是教学过程形成的主导者，学生是教学过程赖以发生、发展的主体。只有教师的主导性能引起、维持与促进学生学习行为的发生和发展，教学过程才得以形成。数学教学内容呈现的顺序应成为教学过程发展的主线，而教师活动（行为）的顺序和学生活动（行为）的顺序则应围绕数学教学内容的呈现顺序展开。

四、设计教学活动

教学活动的设计包括导入设计、情境设计、提问设计、例题设计、练习设计、讨论设计、小结设计和板书设计。

这里主要讲述数学课堂的提问设计和数学课堂的讨论设计。

（一）数学课堂的提问设计

教师常用问题来启迪学生的求知欲，引起学生的积极思考。思维的活动常源于问题，有了问题，思维活动（思考）才有明确的目的和方向。提问是教师从教学目标出发，结合教学内容和学生特点提出问题，并要求学生回答的一种教学活动方式。提问的核心是教师的提问。有经验的教师几乎在每节课中都能精心设计出水平不同、形式多样的问题，并选择恰当的情境，引导学生回忆、联想、分析、对比、综合和归纳，从而丰富学生的知识，使学生形成新概念，获得分析问题的方法。教师及时进行追问、释疑、说明，可以帮助学生深刻地掌握教学内容，并灵活地运用所学知识解决新的问题。

1. 提问的要求

（1）清晰与连贯。要使问题表述清晰，意义连贯，措辞恰当，教师必须精心设计，尤其对于高级的提问更应准确推敲，不仅要考虑问题与教学内容的关系，还要考虑学生对所表述的问题是否能接受和理解。

（2）停顿与语速。提问必须有停顿。首先，掌握停顿的时机，使学生做好接受问题和回答问题的准备，例如，在类似于"让我们先考虑这样一个问题"的说法后，停顿 3 秒左右以提醒学生注意。提出问题后教师再有一定的停顿，以便让学生思考，并提前说明问题思考时间的长短（如较快回答或较慢回答），经过一段时间这一说明可减少。其次，注意安排停顿过程中的教学活动。教师可以环顾全班观察学生对提问的反应。这些反应一般是非语言的身体动作或情绪反应。例如，积极举手，说明思考成熟、想积极回答等。同时，教师停顿时间的长短也能为学生提供一定的信息：停顿时间长，说明问题复杂；停顿时间短，说明需要迅速回答。教师提问的语速由提问的类型决定。简单、低级的问题语速较快，高级问题一般除应有较长时间停顿外，还应仔细缓慢地叙述以便学生对问题产生清晰的印象。

（3）指导与分配。根据对问题的理解程度和回答的积极性，教师可以分别采取不同的指导方法。为了调动每个学生的学习积极性，让他们主动参与教学，教师必须对提问进行适当的指导与分配。

（4）顺序与梯度。在课堂中，许多同学怕回答问题，这是因为他们害怕自己的回答不符合教师的要求。因此，教师在设计提问时应按由易到难、由简到繁的顺序，把握好梯度，使学生敢于回答问题或能够回答问题。

（5）提示与探询。提示是为了帮助学生回答问题而给出的一系列暗示性语言表述。提示要把握好度。探询是引导学生更深入地思考他们最初的答案，更清楚地表达自己的思想，以发展学生评论、判断和交流的能力。对于思考不深入、视野狭窄的概念错误或不完整的答案，经过探询，学生能够明确错在哪里和为何错了，从而改善应答。揭示与探询既可以促进学生从不同角度回答或多方面回答，又可以促使学生明确应答的根据，还可以促使学生根据别人的回答谈自己的想法，说明自己与他人想法的异同，对答案进行修正。

总之，提问这种教学中师生互动的交流技能，是通过师生相互作用，达到检查学习、促进思想、巩固知识、运用知识、实现教学目标的一种教学行为方式，在实践中应予以完善并合理运用。

2. 提问设计应注意的问题

（1）控制难度。设计的问题既不能太容易，也不能太难，要使大多数同学体会到智力角逐的乐趣。

（2）掌握深度。要抓住某个知识模块的关键点，组织提问。

（3）巧设坡度。问题要由浅到深，由易到难。

（4）创设情境。提问要讲究感情色彩，激发学生的求知欲望。

（5）增强跨度。抓住教材重点，提出的问题应有较大的思维容量。

（6）巧选角度。提问内容应根据教学目标巧妙安排，并依据实际选择最佳角度，合理提出问题。

（二）数学课堂的讨论设计

课堂讨论是启发式教学的基本方法之一，它是教师与学生、学生与学生之间的一种互动方式，通过互动交流观点，形成对某一个问题的较为一致的理解、评价或判断。

课堂讨论能让学生真正参与到教学活动中来，对于发挥学生的个性，调动学生的学习积极性以及培养他们的能力，都有积极的作用。

1．讨论的作用

（1）增强学生的主体意识。在讨论时，学生要发表自己的意见，提出自己的观点并与其他同学讨论，评价其他同学的观点等。学生对讨论的问题进行独立思考，并用语言表达出来，这样就能使学生的主体意识得到增强，主体作用得到发挥，学习的主动性和自觉性得到提高。

（2）提高批判思维能力。讨论不仅要求学生发表自己的意见，提出自己的观点，还要对别人的意见和观点进行评价，通过交流达成共识。所以在这个过程中，学生的批判性思维能力得到了一定的提高。

（3）提高交流能力。交流能力是人们的基本素养之一。学生语言的交流与运用能力，教学符号的使用与表达能力，以及对自然、社会现象的表达与认识能力等，都能在课堂上得到一定程度的训练和提高。

2．讨论应注意的问题

（1）注意营造讨论的氛围。要使讨论达到效果，教师必须营造讨论氛围。这种讨论氛围是由讨论主题、学生心理情绪和智力活动三个因素构成的。讨论主题要切中要害，有实际意义和价值，有一定趣味性和智力激励作用，让学生在讨论中畅所欲言，开动脑筋。教师必须给学生"松绑"，努力营造宽松、自由的讨论氛围，以激发学生的讨论欲望。

（2）明确讨论的要求。讨论是有目的的，因此要有明确的要求。讨论要充分考虑学生的合理搭配；注意时间安排，每次讨论前，教师要提出时间要求；讨论次数在一节课中不宜安排太多；讨论要面向全体，给每个学生提供机会（一般每个讨论组应包括主持人、记录员、发言人和组员等），让学生增强主体意识和责任感，认真对待讨论，避免凑热闹、走过场的现象发生；要注意讨论结果的汇报。

（3）注意讨论题目的选择。一般选择易混淆的、可能产生争议的问题让学生讨论，这样能使学生在讨论后澄清错误的理解，加深对知识点的认识。

（4）注意教师在讨论中的作用。讨论并不是完全不管学生，要注意发挥教师的主导作用。教师在各组讨论时要巡视，听取讨论，必要时可介入讨论，发表自己的观点。教师在巡视时要注意捕捉有用的信息，向其他小组传输，发挥各讨论组之间相互联系的作用，从而激发组与组之间的讨论。教师要积极对发言人进行适度的鼓励性评价，激发学生的参与积极性，评价各组讨论效果，使讨论成为在教师主导作用充分发挥的情境下进行的学生自主参与的教学活动。

五、选择教学媒体

教学媒体有教学挂图、教具、教学指导书、电子资源等。

通常情况下，小学数学教学媒体的选择有四大依据：①教学目标，每个知识点都有具体的教学目标，为达到不同的教学目标常需要使用不同的媒体去传递教学信息；②教学内容，数学课本中各章节内容不同，对教学媒体的使用也有不同要求；③学生特点，不同年龄阶段的学生对事物的接受能力不一样，选用教学媒体时必须顾及他们的年龄特征；④教学条件，教学中能否选用某种媒体，还要看当时当地的具体条件，其中包括资源状况、经济能力、师生技能、使用环境、管理水平等因素。此外，还要考虑媒体的特性、使用成本、可获得性与便利性，以及学生的偏爱等因素。

选择教学媒体的原则包括最优决策原则、有效信息原则、优化组合原则等。各种教学媒体都有各自的优点，也有各自的局限性，不存在一种适合所有教学情况的"超级媒体"。各种教学媒体有机组合将会扬长避短，优势互补，取得整体优化的教学效果。但是，媒体的组合要以取得最佳的教学效果为出发点，而不只是形式上的相加。

六、编写教学方案

教学方案的编写是每位教师在进行正式课堂教学前必须进行的活动

之一。教学方案不仅要说明教师教的过程，更要阐明学生学的过程；不仅要说明教师怎样教，还要说清楚为什么这样教。这里的教学方案（简称为"教案"）是正式进行课堂教学之前的具体教学设计方案，是教学设计的成果之一。

教案的撰写往往可以反映出教师所持有的不同的教育思想或教育理念。新课程改革理念下的教案与传统教学中的教案有着本质区别。传统的教案可以被简单地理解为"教学进程方案"，这类教案仅仅体现出了教学环节的设计，对于教师为什么这样教与学生为什么这样学的理论依据却未能有所体现。新课程改革理念下的教案可以说是一种"课时教学设计方案"，是在传统的"教学进程方案"基础上的进一步深化，既指出了应该怎样教与学，又说明了为什么这样教与学，是一种融多种教学理论、学习理论、媒体理论、学科教学法等相关理论于一体，以学生的"学"为中心，为促进课堂教学的整体优化而发挥综合效益的一种教学构想与教学指导方案。

按照详略程度的不同，教案可以分为详案与简案。详案是对整个教学设计的详细说明，不仅要写出教学内容的知识要点，还要写出教师教与学生学的具体活动安排及意图；而简案则只要简单地列出各个环节、主要步骤与知识点即可，具体的活动安排则从略。一般来说，新教师应该撰写详案，一方面，督促自己在备课的过程中认真仔细；另一方面，通过不断地修改，积累经验，改进教学。

编写教学方案的具体步骤如下：

第一，分析和处理教学内容。

第二，分析学生学习情况。

第三，确定和陈述教学目标，确定教学重难点。

第四，选择、准备教具和学具。

第五，选择教学手段和教学组织形式。

第六，确定教学步骤。

第七，确定教学评价的形式。

第五章 小学数学教学模式的优化建构

第一节 活动教学和操作教学的优化策略

教学模式是教学理论的具体化，是教学实践的概括化形式和系统，具有多样性和可操作性。随着基础教育课程改革的深入开展，新课改背景下的小学数学课堂教学模式正从单一性向多样性发展，从以"教"为主向重"学"的方向发展。活动教学的设计、操作教学的优化、体验学习的引导、合作学习的组织、研究性学习的渗透、开放性教学的实施等策略的探索，对提高教学效果、促进学生的全面发展有着重要意义。

一、活动教学的设计策略

（一）数学活动教学的内涵

小学数学的活动教学以"大众化的数学"这一思想为出发点，面向全体学生，将学生视为教学活动的主体，强调学生只有参与到教学活动中去，才能真正了解数学知识的形成过程，才能真正理解和掌握数学知识与技能、数学思想和方法，获得广泛的数学活动经验。

1. 数学活动教学的概念

数学，作为人类智慧的一种表达形式，反映了生动活泼的意念、深入细致的思考以及完美和谐的愿望。它的基础是逻辑和直觉、分析和推理、共性和个性。

从实质上看，数学是一系列的活动，因此，数学教学也应该是一种过程再现性的活动教学。数学教学必须还原数学的本来面目，不仅要注重演绎法，还应设计出一种符合学生的认知规律和数学发展规律的教学过程，这就是数学活动教学。

2. 提倡数学活动教学的意义

对于小学生而言，学习数学就是要通过产生结论的活动去真正理解结论，并从中获得本身素质的提高。如果没有很清楚地认识到这一点，就很容易把数学学习看作机械地掌握和运用结论，从而出现重结果轻过程、重模仿轻创造、重外因轻内因等弊端，使学生丧失了学习过程中的自主性发展。因此，提倡数学活动教学的意义十分重大。

首先，数学活动教学是提高学生素质的一个有效途径。它能最大限度地调动学生的积极性，变被动接受知识为主动地寻求知识，变脱离学生的认识实际为符合学生的认识规律。

其次，数学活动教学使学生经历探求和获取知识的过程，磨炼意志，增强思维能力，领会数学的基本思想和方法。学生不仅获得了结论，而且掌握了更具广泛迁移意义的思想和方法。

最后，数学活动教学因为同现实生活相联系，所以既能培养学生辩证唯物主义的科学世界观，又能发展学生头脑中的数学现实认识。学生一旦掌握了数学在现实中的原型，就会逐步对抽象的必要性、可能性和方法论形成真切的认识，就会从过去的讨厌数学、害怕数学变成喜欢数学。

（二）小学数学活动教学的依据

数学活动实质上是一种认知发现活动，是一种有意义的学习。现代心理学和教育心理学的相关研究成果为数学活动及其教学提供了理论基础。

1. 智力发展规律

小学生的智力处于具体运算和形式运算阶段，已经从特殊到特殊这种"传递性"的推理逐渐过渡到从特殊到一般或从一般到特殊这两种不完全归纳和演绎推理；能从具体直观入手，通过语言复述和部分描述，渐渐过渡到经验型的抽象。小学数学教学应适应小学生的这一智力发展规律，强调多种多样的活动教学，而不只是单纯的结论教学。否则，就不能激起学生的共鸣，达不到应有的效果。

例如，"分数"这个概念就比较抽象，教师在教学时不能直接给出"分数"的定义，而必须从具体直观入手，帮助学生逐步形成"分数"的概念。教师可以通过列举大量学生所熟悉的日常生活中平均分配物品的实例，例如，平分一张纸、一个圆、一条线段、四个苹果、六面小旗等，来说明"单位1"和"平均分"，然后再用"单位1"和"平均分"引出"分数"这个概念。

又如，教学"比的基本性质"时，可以先引导学生厘清比与分数和除法之间的关系，即比的前项相当于分数的分子或除法中的被除数，比号相当于分数线或除号，比的后项相当于分母或除数，比值相当于分数值或商；再根据已经学习过的分数的基本性质和除法中的商不变的规律，猜测在"比"这部分知识中是不是也有一个比值不变的规律；最后通过验证，得出比的基本性质。这样就依据小学生的智力发展特点对比较抽象的概念进行转化，便于学生理解知识。

2. 概念学习理论

学习从广义上讲就是一种概念学习。概念的形成过程也就是活动的过程，注意运用感性的、具体的描述方法，能够帮助学生正确理解和掌握概念。因此，对于小学生而言，学习数学应该是处理概念，即数和量的分类及它们之间的关系；记忆概念，即数和量的表达方式；应用概念，即数和量的相互作用的过程。完成这些目标的主要形式是活动、寻找共性、表达和符号化。具体的做法是在不同的环节，根据不同年龄及不同数学水平，设置相关活动，引起学生的思考。同时注意，对于一个概念，应该让学生通过尽可能多的感性事物来加以研究，让学生有更多机会形成概念，帮助他们从抽象中找到本质的东西。

例如，在教学"10以内的数的认识"时，可以设计一节"数就在身边"的活动课，让学生用第几排、第几个来描述自己坐的位置；让他们说一说家里的电话号码是由哪几个数字组成的；让他们记录一星期的气温……使学生在交流中，体验到数学的存在，感受到数学的乐趣。从对自己座位的表述中，学生学会了区别第几和几；通过交流家里的电话号码，知道了由于数的排列顺序不同，构成的电话号码也不同，这样就通过解决生活中的实际问题，激发了学生学习数学的兴趣。

3. 认知发现理论

学习不是简单的刺激反应，而是以人的意识为中介的认知过程，学生是认知的主体。小学生的认知过程和科学家的科学认知活动一样，也是一种创造，都是要经历从具体到抽象，再由抽象到具体，以及由低级到高级、由表及里、由粗到精的过程。

著名数学教育家波利亚指出，只要数学的学习过程稍能反映出数学的发明过程的话，那么就应当让猜测、合情推理占有适当的位置。所以，小学数学教学活动就应以学生为主体，让他们自觉地、主动地探索，掌握认识和解决问题的方法与步骤，研究客观事物的属性，发现事物发展的起因和事物内部的联系，形成自己的概念和理论。

（三）数学活动教学的阶段

在小学数学教学中，必须通过小学生主动的活动，让学生亲眼看见形象生动的数学过程，亲身体验如何"做数学"、如何实现数学的"再创造"，从中感受数学的力量，从而促进数学的学习。数学教学活动必须建立在学生的认知发展水平和已有的知识经验基础之上。教师应激发学生的学习积极性，向学生提供参与数学活动的机会，帮助他们在自主探索和合作交流的过程中真正理解和掌握基本的数学知识与技能、数学思想和方法，获得丰富的数学活动经验。

数学活动教学可分为三个阶段：一是具体材料的数学化，即将实际生活中的数学材料转化为数学模型；二是数学材料的逻辑组织化，即通过辨析、归纳、直觉、类比、想象等，寻找方向和线索，用逻辑方法把数学材料组织到逻辑体系中去；三是数学结论的应用化，即把理解和掌握的结论转变为更加具体的思维，并能同所面临的实际情境相结合，从而创造性地应用结论。不难看出，上述阶段其实是思维活动的上升—探索—再上升的螺旋发展过程。

数学材料在生活中无处不在，因此，数学活动教学很容易从现实生活中提取数学模型，设计出引人入胜的情境。例如，春游的时候组织学生去儿童乐园游玩，首先需要考虑的就是游玩项目的价格，哪些项目是免费的，哪些是可以几个人一起玩的，以减少开支。教师可以要求学生根据价格表，计算一下按照自己的玩法共需要多少钱。教师还可以设计问题："如果每人给 50 元的游乐券，你能设计一个游玩方案吗?"这种实践活动课以学生熟悉喜爱的生活情境为背景，提出一系列实际问题，使学生在游玩中学习。从考虑游玩项目—出示价格—设计方案—解决问题等有条理的教学程序中，将实际问题数学化，建立数学模型，通过分析归纳等逻辑方法，对教学规律加以解释和应用，从而使数学知识融入生活气息，培养了学生应用数学的意识，提高了学生用数学思想来看待实际问题的意识和主动解决实际问题的积极性。

小学数学活动教学符合小学生的认知规律，体现了辩证逻辑和形式逻辑的矛盾统一，突出了因材施教与面向全体的和谐统一。但需要注意的是，小学数学活动教学必须有鲜明的目标性，必须选择最适合学生年龄特征的材料，必须设计合理、经济、有效的活动步骤，不能照搬"学生中心论"，更不能是无管理的"放羊式"活动。

二、操作教学的优化策略

义务教育数学课程标准的相关要求指出，有效的数学学习活动不能单纯地依赖模仿与记忆，动手实践是学习数学的重要方式。心理学家皮亚杰认为，思维是从人的动手开始的，切断了动作与思维的联系，思维也就不能得到发展。小学生的思维特点是以具体的形象思维为主向以抽象的逻辑思维为主过渡。动手操作是帮助学生理解、促进学生思维发展的必要形式。所以，在教学过程中，教师组织学生开展数、摆、剪、拼、量、摸、折等各种动手实践活动，有助于学生积极主动地参与学习，提高其学习能力和学习效果。

（一）操作教学的内涵和作用

操作教学是指在小学数学教学中，教师从学生的生活经验和已有的知识背景出发，提供给学生充分进行数学实践活动的机会，调动学生的手、眼、口、脑等多种感官，使学生亲身体验数学知识形成的过程。

操作教学能有效地解决数学的高度抽象性与小学生思维具体形象性之间的矛盾，激发学生学习数学的兴趣，帮助学生理解数学知识，培养学生的思维能力，提高学习效果。

1. 有助于培养学生的思维能力

（1）帮助学生提高比较、分析和综合的能力

小学生理解和掌握数学知识，是建立在一定的感性认识基础上的。采用操作活动的教学方式，引导学生充分感知所学内容，能使学生在比较直观形象的基础上，更轻松地对知识进行比较、分析、综合，从而促进学生比较、分析和综合能力的提高。

（2）帮助学生提高抽象和概括的能力

数学学科本身具有高度的抽象性，小学生正处于由具体形象思维为主逐步向抽象逻辑思维为主的过渡中，仍然需要通过实物演示、动手实践来感知事物、获得表象，进而对知识进行理解和概括。

（3）帮助学生提高判断和推理的能力

由于小学生的逻辑思维能力还处在初级阶段，小学数学教材里的一些运算定理、规律、公式等基本上都是用不完全归纳法总结出来的。因此，对于小学生来说，在动手实践活动中积累的感性认识，是进行判断推理的基础。

2. 有助于易化学习过程

（1）促进学生理解概念

布鲁纳认为，知识是一个过程，而不是一个结果。概念教学，特别是起始概念的教学，应注意让学生参与到学习过程中去，让学生通过动手操作，积极主动地获取知识，形成概念，并深刻地理解概念。

（2）促进学生计算

操作是帮助学生建立形象思维的手段，计算教学中通过操作可以让学生把外部的操作活动转化为内部的认知活动，使学生把握所学知识的关键，找到解决问题的方法。

（3）促进学生理解应用题

小学生由于受年龄特点的限制，思维带有很大的直观性，在抽象的文字叙述的应用性问题解答中经常遇到困难。动手操作可以通过直观的教学用具，把题意直接展现出来，化抽象为直观，从而帮助学生更好地理解题目。

3. 有助于学生的全面发展

（1）可以培养学生动手操作的能力

在小学数学教学中加强实际动手操作，让学生摆、拼、剪、制作、测量、画图等，不仅有助于学生掌握和理解知识，而且有助于学生提高动手实践能力。

（2）可以促进左右脑协调发展

大脑功能具有整体性，只有左右脑相互配合、协调发展，人的智力发展才能获得最佳效果。过多地让学生听、记、模仿，会使左脑负担过重，而右脑的功能得不到及时有效的开发。在小学数学教学中，加强学生的实际动手操作，可以使学生的左、右大脑协调发展，最终促进学生的全面发展。

（二）操作教学的优化策略

操作活动是课堂教学过程中的一个重要内容。在小学数学课堂教学中，教师要结合教学内容，积极创设条件，有意识地引导学生动手操作、动脑思考，使学生体验知识的探究过程，从而提高学生的学习能力，为学生可持续发展奠定基础。在数学课堂教学中，教师可以从以下几个方面着手优化操作活动。

1．精心设计操作活动，激发学生的学习兴趣

"兴趣是最好的老师。"教师营造一个意趣盎然的课堂学习环境，可以吸引学生主动参与学习过程，积极探索数学知识。根据小学生好动、好奇的心理特点，教师在课堂上精心组织相关的动手操作活动，能唤起学生潜在的动力，使学生对数学活动产生兴趣。其形式是创设问题情境或认知情境，让学生充分感知，获得充足的感性材料，为认识的理性飞跃做准备。

例如，在"圆柱体表面积"教学中，教师可以指导学生用一张白纸裁剪出一个长方形或正方形，长宽均不限；然后再沿着一条边将图形卷起来成为一个没有上下底面的空心圆柱；接下来，教师再引入学习的内容——圆柱体的侧面、底面及表面积等，学生学习起来就比较轻松、直观、有兴趣。

2．引导学生动手操作，训练学生的思维能力

数学是思维的体操，而思维又是从问题开始的。问题的解决包含一系列的操作，它不是已有知识、经验的简单再现，而是需要运用一定的规则进行重组。对于小学生而言，认知操作往往需要依附于一定的实践操作活动。动手操作不仅有利于形象思维的发展，也有利于抽象思维的发展。因而，教学策略的设计要创设双重表征与情节记忆的机会。在教学中，教师如果能根据教学需要，正确指导学生进行动手操作，使学生有目的地操作，并与观察、思考及语言表达相结合，这样数学概念就会在学生头脑中沿着"具体→表象→抽象"的认知过程逐步建立起来，学生的观察力、抽象思维能力也会得到相应的发展。

例如，教学"圆面积"时，教师可引导学生将圆剪切后再拼组成一个近似的长方形，并设计讨论题目："剪切拼组后的图形与原图形相比，发生了哪些变化？长方形的长、宽与圆的面积有什么关系？能否根据长方形面积公式求出圆的面积？怎么求？"这样的动手活动及问题设计使学生在教师的引导下边操作、边观察、边思考，探索圆的面积计算公

式。这些问题解决后，教师可以紧接着让学生用分割好的小图形再去拼一拼学过的其他图形，如三角形、平行四边形等，用上述方法去验证，看能否推导出圆的面积公式，哪一种更为接近圆的面积公式。这样，学生不仅在进一步巩固所学知识的同时，掌握了观察事物、分析问题的方法，还促进了知识之间的迁移，提高了学生的抽象思维能力。

3. 利用学具操作，促进知识理解

因为数学学科具有高度的抽象性，而小学生的抽象概括水平较低，所以他们在认知过程中很难从教师的讲授和得出的结论中真正理解和掌握数学知识。操作活动是一种特殊的认知活动，一方面，它是学生手与眼协同的活动，是对客观事物的动态感知过程；另一方面，它又是学生手与脑密切沟通的活动，是把外部动作形态转化为内部语言形态的智力内化方式。学生在操作活动中获得形象和表象，有助于他们进行比较、分析、综合、抽象、概括，从而深刻地理解知识的本质意义。在教学中，教师恰当地提供学具，让学生进行摆一摆、分一分、看一看、摸一摸、数一数、量一量、画一画等操作，不仅可以使学生在操作中加深对数学概念的理解和记忆，还可以使学生通过发现知识的内在联系，更好地获取新知识。

例如，教师可以让学生用 7 个红花片与 5 个黄花片来学习 $7+5=12$，具体操作方法有以下几种。

(1) 将两种颜色的花片先混合放在一起，然后一个一个地去数，从 1 数到 12。

(2) 将红花片逐个放入黄花片的行列中，边放边数，从 5 开始接着数 7 个到 12 个。

(3) 将黄花片逐个放到红花片行列中，从 7 开始接着数 5 个到 12 个。

(4) 从红花片里拿出 5 个与黄花片凑成 10，再把余下的 2 个红花片合并过来，从而得出 12。

（5）从黄花片里拿出 3 个与红花片凑成 10，再把余下的 2 个黄花片合并过来，从而得出 12。

学生交流自己的操作方法后，再在教师的引导下对几种方法进行比较，就会领悟到第一种方法最慢且容易数错，第四种和第五种方法较快且不易错。这时，让全班学生再用第四种或第五种方法重新操作一遍，就能很容易地概括出"凑十法"的思路，这样既培养了学生的计算能力，又初步训练了学生的思维能力。

4. 预留操作空间，培养创新思维

培养学生的实践能力和创新能力是新课程的教学目标，教师要根据教学内容的需要，适时地组织学生动手实践。有效的操作活动是培养学生创新精神的源泉，学生在动手操作、自主探索中经常会迸发出创新的思维火花。

例如，教学"圆的认识"中有关半径、直径间的关系时，如果教师直接让学生在画好的图中量一量半径、直径的长度，再让学生看看二者之间的关系，然后得出"在同圆或等圆中，直径是半径的两倍"的结论，这样的操作就是走形式，学生只是被动地按教师的要求操作、验证，没有自主探索的激情，也就无创新可言。组织学生动手操作，教师不可预设得太多，而应该给学生留下较大的思维空间，这样学生才会有更多的发现。这一内容的教学活动可以这样设计：在学生认识圆的半径、直径的特征后，让学生分小组讨论"能否用不同的方法证明直径与半径之间的关系"这一简短而又带挑战性的问题，促使学生在没有任何约束下，积极进行创造性思维。有的组采用了"折"的方法；有的组采用的是画一画、量一量的方法；有的组测量的是同一圆内的直径和半径；也有的组测量的是大小不同的圆……尽管学生的观察角度、学习习惯和思维方式不同，但是通过动手操作和合作交流，最终可归纳出"在同圆或等圆中，直径是半径的两倍"的结论。这样的操作活动不仅能使学生深刻理解和记忆自己"创造"的新知，而且能满足学生的求知和表

现欲望,有利于挖掘学生的创新潜能,同时也加快了学生由形象思维向逻辑思维过渡的进程。

在数学学习中,让学生经历操作体验活动,使其积极主动地获取信息、加工信息,进而高效掌握知识表征,获得问题解决能力,不仅符合小学生的认知规律,也符合数学学科与数学学习的特点。在信息发展迅猛的现代社会,如何让学生学会学习,学会生存,任重而道远。教师只有以数学课堂教学为载体,精心、诚心地设计每一次学习活动,为学生提供操作体验的机会、思维想象的空间、思辨创新的舞台,才能促进每一位学生的全面发展。

第二节　体验学习和合作学习的优化策略

一、体验学习的优化策略

现代认知心理学认为,一个人的认知目的不是停留在知道客体是什么,而是要将这种知识内化到主体自身的知识结构和情感体系之中,只有这样,才能安顿自身情感,真正获得知识。义务教育数学课程标准的相关要求也强调,要从学生已有的生活经验出发,让学生亲身经历实际问题抽象成数学模型并进行解释与应用。

学生学习数学应该是以积极的心态调动原有的知识和经验,尝试解决新问题、理解新知识的有意义的过程。因此,教师在小学数学教学中应开展"体验学习",创设贴近学生生活实际的、具体形象的问题情境,充分发挥学生的主体作用,让学生使用各种感官去体验、感受知识。

(一)小学数学体验学习及其特点

体验是人类的一种心理感受,指通过实践来认识周围的事物,是带有主观经验和感情色彩的认识,与个人的经历有着密切的关系。

体验学习是指学生在活动中,通过行为、认知和情感的参与,获得对数学事实与经验的理性认识和情感态度。

小学数学体验学习就是学生在亲身体验和探索中认识数学，理解和掌握基本的数学知识、技能和方法，并运用数学知识解决生活中的实际问题。在此过程中，学生不仅能体验学习数学的乐趣，还能体验生活，体验自主，体验成功。小学数学体验学习主要有以下特点。

1. 以个体经验为基础

让学生亲历知识的形成过程是体验学习的本质。学生的各种生活经验、独特的思维方式和情感态度等都是学习数学的个体经验。真正有价值的学习是以学生个体经验为基础的，是学生对数学知识主动建构的过程，更是使学生整个精神世界发生变化的过程。

2. 以主动参与为目标

在传统的小学数学教学过程中，教师是教学的中心，学生只需专心听讲，认真做笔记，反复练习即可。而体验学习强调学生积极主动参与，要求学生发挥主动精神，真正成为教学过程的主体。没有学生个体的主动参与，就不能产生任何体验，更谈不上学习过程的有效完成。

3. 以全面参与为核心

在小学数学课堂教学中，教师指令性的、没有思考空间的各种操作活动并不是体验，而是模仿性的机械操作而已。数学课堂上除了看、摸、摆、拼、折、画等各种形式的感官活动之外，还需要类比、分析、验证、归纳、推理等各种思维活动，同时也少不了愉悦、兴奋、伤感等情感活动的参与。

4. 以合作交流为依托

学生学习数学要通过参加多样化的活动，在主动建构中真正理解结论。小组合作能使学生与同伴以及教师进行交流分享，进而推动知识的建构和再创造。

（二）小学数学体验学习的优化策略

在小学数学教学中，教师应注重渗透体验学习的思想，有效促进小学生的数学学习。

1. 联系生活，体验数学的应用

教育是科学教育与生活教育的融合。小学数学教学内容应该从学生的生活经验和已有知识出发，贴近学生生活，让教学内容变得生动有趣，容易被学生接受。小学生由于缺乏生活经历，有些知识学起来比较困难，这就需要教师在教这些知识之前，组织学生收集生活中相应的数学素材，使学生积累一定的感性认识。

例如，在教学"认识钟面"时，教师可以提前给学生布置任务，让他们回家后每人设计一个"钟面"，有不会制作的地方可以请家长帮助。学生在亲手制作的过程中增加了对钟面的感性认识，学到了很多知识。学生有了这些感性知识和亲身体验，教师在正式进行"认识钟面"的教学时，原本感觉比较难讲授的内容就会变得容易，学生学起来也有兴致，而且更加轻松。

2. 自主探究，体验知识的形成

教师在教学时需要调动学生的主动性，激励他们去自主探究，也就是由学生自己去发现或创造要学习的东西，教师的任务是引导和帮助学生进行探究和创造，而不是把现成的知识灌输给学生。通过自主探究获得的知识，学生能够真正理解并且灵活运用。教师作为教学内容的加工者，应站在发展学生思维的高度，充分相信学生的认知潜能，尽量对学生少一些干预，要让学生像科学家一样去自己研究、发现，在自主探究中体验，在体验中建构知识。

例如，学完了"圆的面积"后，教师可向学生出示一个圆，从圆心沿半径切割成若干等份后，拼成一个近似的长方形，然后向学生提问："已知这个长方形的周长比圆的周长长 8 厘米，求圆的面积。"乍一看，这道题似乎无从下手，但学生经过自主探究，便能想到长方形的周长仅仅比圆的周长多出两条宽，也就是多出两条半径，所以一条半径的长度是 4 厘米，至此，求圆面积的问题就迎刃而解了。

3．合作交流，体验思维的生成

高质量的体验学习应该建立在师生、生生之间交流互动的基础上。教师在课堂上要注重师生、生生的交流互动，构建平等、自由的对话平台，使学生处于积极、活跃、自由的状态，获得预想不到的体验，从而使不同的学生得到不同的发展。

例如，教学"分数化成小数"时，可举 1/8、11/20、17/25 等能化成有限小数的例子，先让学生猜想："这些分数能化成有限小数，是什么原因？可能与什么有关？"经过思考后有学生回答："可能与分子有关，因为 1/2、1/5 都能化成有限小数。"有学生反驳："1/3、1/9 的分子同样是 1，怎么不能化成有限小数？"有学生说："如果用 4 或 5 作分母，分子无论是什么数，都能化成有限小数，所以，我猜想可能与分母有关。"这时，教师引导："你们观察这些能化成有限小数的分数的分母，它们有何特征呢？"学生们积极思考并展开讨论："只要分母是 2 或 5 的倍数的分数，都能化成有限小数。""但 7/30 的分母也是 2 和 5 的倍数，但它不能化成有限小数。""因为分母 30 还含有约数 3，所以，我猜想一个分数的分母有约数 3 就不能化成有限小数。""如果分母只含有约数 2 或 5，它就能化成有限小数。"可见，让学生在合作交流中充分地表达、争辩，在体验中学习数学，能很好地锻炼其思维能力。

4．动手实践，体验数学的魅力

强化操作实践不仅有助于提高学生的学习兴趣，激发学生的求知欲，而且有助于学生真正理解与建构知识。

例如，在教学"面积和体积"的知识后，可给学生布置作业："用 8 个边长为 1 厘米的正方体堆成一个较大的长方体，有几种堆法？所堆成的长方体的体积、表面积各是多少？"这些问题学生直接解答会很困难，但如果让学生亲自动手做一做，就不难发现，无论怎么堆，所堆成的长方体的体积，都是 8 立方厘米，而表面积则会各有不同。学生在这一实践活动中，亲身探索，体验更深，其观察能力、操作能力、分析推理能力都得到了提高。学生对很多数学方法的理解，往往不是通过教师反复阐述获得的，而是通过亲身体验，从"做数学"的活动中感悟到的。

5. 学以致用，体验数学的价值

义务教育数学课程标准的相关要求指出，教师应该充分利用学生已有的生活经验，引导学生把所学的数学知识应用到现实中去，以体会数学在现实生活中的应用价值。学生在切身体验中认识到，自己所学的是"有用的数学"，这样不但能巩固知识，还能激发学生学好数学的欲望。

例如，在学生学习了"认识人民币及其简单计算"后，教师可以设计超市购物的情境，让学生扮演相关角色，引导学生独立运用所学知识解决在购物中算账、付钱、找零等一系列问题。比如，"我买了一支钢笔，价钱是 4 元，我给了收银员 10 元，他找了我 6 元。""我喜欢的那个书包的价钱是 18 元，我只有 10 元，还差 8 元。""我想买 5 个练习本和 2 块橡皮，共 5 元，我只有 3 元，还差 2 元。"学生真正投入情境之中，通过主动探索研究，不仅能学到自己需要的数学知识，还能认识到数学知识的实用价值。

又如，对"动物园的门票每张 20 元，50 张以上可以享受团体优惠价每张 15 元，班里一共有 45 人，该如何购票？"这一问题，学生通过思考、计算，得出了多种解法：$45 \times 20 = 900$（元），$50 \times 15 = 750$（元），$50 \times 15 - 5 \times 15 = 675$（元），$50 \times 15 - 5 \times 20 = 650$（元），并且在比较中选择了最佳方案。这样学生就利用了已有的生活经验，把所学的数学知识应用到了生活中去，解决了身边的数学问题。

体验学习是新课改的一个重要理念，小学数学教师在开展课堂教学时必须关注学生的体验，努力强化学生的体验意识，以学生的体验为核心，引导学生参与到教学的全过程中，使学生在体验中思考，在思考中创造，在创造中发展。

二、合作学习的优化策略

合作学习作为新课改倡导的学习方式，因其具有使学生优势互补、形成良好人际关系以及促进学生个性健全发展等优点，越来越多地被教师在课堂教学中采用，成为我国当前小学数学课堂教学的一种重要的教学策略和组织形式。因此，必须重新审视当前小学数学课堂的合作学习，优化实施，使其能行之有效地开展。

（一）小学数学合作学习的有效性

有效教学是任何教学的必然追求。教学的有效性是一个动态发展的概念，其内涵一直随着教学价值观以及教学研究范式的变化而不断扩展。具体到小学数学课堂教学中，其有效性是指教师用较少的时间、精力及设备等，使学生得到发展，同时，教师也能获得相应发展。就其内涵而言包括三个方面：目的上，强调共同实现学生的全面发展和教师的自身发展；过程上，强调教的有效性和学的有效性的统一；结果上，强调使每个学生都得到应有的发展。具体表现为课堂教学具有开放、双重、双效等特征。

有效的小学数学合作学习自然也应该具备以上这些特点。在合作学习的过程中，教师要根据教学情境灵活多变地选择和组织教学行为，为学生创造能力、探究精神的发展提供空间，赋予学生更多的自主权，让学生可以较多地依据自己的能力、个性来寻找适合的数学学习方法；通过实现教与学的有效统一、教学过程与结果的有效统一、数学知识和数学情感的和谐一致，实现教师与学生的共同发展；在尽可能短的时间内与学生共同完成教学任务并共同获得发展，达成效率与效益的双效目标。

教与学是教学这一过程的两个不同方面，教学方式与学习方式之间呈现出共存互动的关系。教师是教学过程中的组织者和领导者，学生学习方式的转变在很大程度上取决于教师教学方式的转变。合作学习是一种新颖的课堂教学组织方式，教师在具体实践中没有现成的模式可以参照，只能根据对新课改精神的理解逐步尝试和探索。

（二）提高小学数学合作学习有效性的策略

在合作学习作为一种教学策略和组织形式正日益受到重视并日渐流行的趋势下，提高小学数学合作学习的实效性势在必行。

1. 加深对合作学习的正确认识

观念是行动的灵魂，教育观念对教学行为起着指导和统率的作用，并通过先进的教育方式体现出来。如果观念不转变，方式转变也就没有了方向，没有了基础；如果方式不转变，观念转变就失去了归宿，失去了落脚点。

（1）准确把握合作学习的主旨

重视教育观念的先导作用，既要让每个学生获得最基础的数学知识，又要承认和尊重学生的个性差异。要改变学生数学学习的方式，由过去以教师讲授为主转向以学生学习为主；要真正确立学生在学习中的主体地位，转变教师的角色；评价的方法、手段及内容也要随之变化。小学数学教师应认真学习新课标所提出的新理念，转变教育理念，深刻领会素质教育和新课改的理念和主旨，认识到学生是数学学习的主人，教师是数学学习的组织者、引导者和合作者；认识到教学组织形式是为教学目标服务的，小组合作学习除了要让学生掌握知识技能、具备合作的意识和能力外，还要培养学生的探究能力、健康的心理等。同时，小学数学教师还应加强对有关合作学习理论、方法的学习，进一步明确小组合作学习的目的、意义及操作方法，使小组合作学习真正成为学生获取知识和发展能力的有效手段。在组织设计小组合作学习之前，教师一定要在这一理念的指导下认真研究教材，精心设计教学，将新课改的精神融入教学内容和教学过程中。另外，不要误把小组合作学习形式作为唯一的选择，而是应该将其与其他方法有机结合运用。

（2）正确理解合作与独立的关系

合作学习作为一种教学策略和组织形式，首要目的是在合作解决问题的过程中促进个体的发展，培养学生的创新精神、实践能力，以及解决问题的能力，培养学生积极、正确的情感态度和价值观，然后才是合作意识和能力的培养。学生只有具备了这样的素养，才能具备走向社会或与别人合作的基础。这些素养的形成，有赖于合作中个体的有效实践活动。因此，合作学习以促进团体中学生个体的发展为最终目标，以个体的有效独立活动为合作基础。

想要防止学生的合作学习流于形式，就要强调在个人独立思考基础上的合作。合作学习不排斥个体独立思考，小组合作学习前学生的独立思考不能被削弱，更不能被替代。学生只有经过充分的独立思考，对问题有了自己的看法，觉得有话可说，才会产生交流、表达的欲望。应鼓励每个学生有了初步想法之后，再进行探究、交流，共同解决问题，从而给不爱动脑思考或学习有困难的学生提供进步的机会。所以，教师在组织合作学习前一定要留给学生足够的独立思考时间，要注意培养学生良好的倾听习惯，让学生带着问题参与合作。教师还要关注那些不愿主动参与合作学习的学生，让每一个学生都能学会合作学习，学会交往。

（3）充分认识教师在合作学习中的角色与作用

在有效的合作学习中，学生主体的合作固然是重点，但教师的主导作用不容忽视。教师是合作学习的直接策划者和组织者，是合作学习的直接参与者和主要执行者，是合作学习的主要协调者。在合作学习中，从学生分析、分组策略、目标设置、任务选择，到教学过程的设计与评估等，教师都要进行全面设计并参与其中。通过与他们诚恳对话，交流感情，合作学习，缩短师生间的距离，建立轻松和谐的课堂教学氛围。只有建立民主平等的关系，才有可能实现学生充分的参与、合作和互动，才能将学生很好地组织、协调和调动起来，依据学习进展实际和教学目标的比较，对合作学习的具体实施进行调控，从而进行高效率和高质量的学习活动。在合作学习中，教师不再是知识的唯一权威，更多地成为学生课堂学习的向导和促进者，成为师生共同学习、共同探索的积极参与者，这要求教师要充分认识学生在学习中的主体地位。教师的这一角色变化，也会促使学生开始认识到自己是学习的主人，教师是他们当中的一员。这样，学生就会把真实的想法和存在的困难主动与教师交流，共同探讨解决问题的办法，进而真正实现教学相长。

2. 进一步提高合作学习教学技能

理念作为行动的先导，最终要通过实际行动才能得以践行。教师除了在理论上对小组合作学习有正确的认识外，还要在合作学习教学技能方面不断加强锻炼，从合作学习的小组建构、教学设计、组织实施与评价等方面进行全面的技能发展，提升自己合作学习的教学能力。

（1）合作学习的小组建构

在合作学习活动进行前，要依据教学内容、学生的能力差异、班级人数等进行科学分组。确立时可以按照"优势互补、自主参与"的原则，使用"组内异质、组际同质""组内同质、组际异质""自愿结合"等多种方法组建合作小组。教师要在尊重学生自愿选择的基础上给予帮助指导，保证每个学生都能有效参与，每个小组都能进行有效互动，以分工合作为基础共同解决问题。

（2）合作学习的教学设计

首先，要充分考虑班级规模，如果人数太多或太少，教师就要本着实效性的原则考虑变通组织方式。合作学习是重要的学习方式，但不是唯一的方式。教师要将小组合作学习与班级授课制等多种组织方式有机结合起来，灵活运用。讨论、自主探索、动手实践等具体形式的采用，应由教师根据学习内容和学生的认知基础、学习能力倾向、情感准备等实际情况进行选择。

其次，要在"形式与内容统一，形式服务于目标"思想的指导下，合理安排教学进程。对真正需要合作学习的内容进行精心设计，仔细分析进行小组合作学习的条件，以便在课堂上有效把握小组合作学习开展的最佳时机。在教学设计中，教师应对在教学中如何加强学生合作意识、合作技能的培养进行思考。

（3）合作学习的组织实施

在合作学习的组织实施过程中，教师要清楚自身扮演的是组织者、引导者和合作者的角色。现代教学理论认为，教学过程不仅是教师通过教材将知识、经验传授给学生的过程，还是一种师生共同探索新知的发展性活动。小组合作学习需要有一定的心理基础和环境，教师应关注学生的个体差异，满足其不同需要，创设能让学生主动参与的教育情境。同时，要给小组确定比较明确的合作学习目标，指导组员进行分工，让每一位学生都能体会到组内成员角色的依赖性，体会到个体和集体的关系。在学生讨论交流时，教师必须对各个小组的合作学习进行现场观察和介入，留意每个学生的表现，关注学生的合作态度与合作技能，提供及时有效的指导，让学生进入乐学、会学的境界。

（4）对合作学习实施多维评价

评价是小组合作学习不可缺少的一环。教师要在一节课或一个单元教学之前，根据课程标准和教学内容设立恰当的评价目标，并据此选择相应的评价方法和评价任务。教师在组织小组开展合作学习的过程中，要不断收集各种信息，通过教师评价、组内评价、小组自评、组间互评等不同的主体评价形式，及时发现问题并进行改进。评价不仅要关注学生在数理逻辑知识与技能方面的发展，也要关注学生在过程与方法、情感态度与价值观方面的发展，还要挖掘学生多方面的潜能，帮助学生更全面地认识自我，建立自信。教师既要关注对小组的整体评价，又要注重对学生个体的评价；既要评价合作学习的结果，又要评价合作学习过程本身。教师还要鼓励学生对自己的学习进行反思和评价，培养学生的独立性和自我发展能力。

学习方式的转变是新课改的一个显著特征和核心任务。在小学数学课堂教学中，教师要在正确观念的引导下，从合作学习的小组建构、教学设计、组织实施到评价反思，全程参与到学生的小组合作学习中去，运用自己的教学技巧及时对学生进行引导和激励，以保证不断提高小学数学合作学习的质量，有效促进学生的发展。

第三节　研究性学习和开放性教学的实施策略

一、研究性学习的实施策略

研究性学习又称为探究性学习，是指学生在教师指导下，从学科领域和现实社会生活中选择并确定研究问题，用类似科学研究的方式主动地获取知识，并应用知识解决问题，从而在掌握科学内容的同时，初步体验、理解和应用科学研究方法，掌握科学探索的能力。

研究性学习作为一种崭新的教学策略在小学数学教学中的渗透，不仅能充分体现课堂教学的主体性、民主性和实践性，最大限度地开发学生的潜能，培养学生大胆尝试、乐于探究的意识，还能帮助学生学会用科学的思维方式解决数学问题，形成其终身所需的持续发展的学习能力。

（一）实施研究性学习策略的必要性

1. 研究性学习符合建构主义理论

20世纪末，随着建构主义知识观与认识论的兴起，寻求学生主体对知识的主动建构成为一种重要的教育理念和教学原则。尽管建构主义有诸多流派，但对学生学习有这样的共识：学习是一个积极主动的建构过程，学生不是被动地接受外在信息，而是根据先前的认知结构主动地、有选择地知觉外在信息，建构其意义；学习中，知识的建构不是任意的，它具有多向社会性和他人交互性，知识建构的过程应有交流和磋商，并进行自我调整和修正。

2. 研究性学习符合多元智能理论

加德纳提出的多元智能理论指出，人的智能是多元的，除了语言智能和逻辑数理智能两种基本智能以外，还有空间智能、音乐智能、身体运动智能、人际交往智能、自我认识智能、自然智能和存在智能七种智能。加德纳认为，每个学生都在不同程度上拥有上述九种基本智能，个体间由于智能之间的不同而表现出智能差异。可以说，多元智能理论拓宽了研究学生学习的视野，是针对学生的智能特点，形成自主、合作、探究等多样化学习方式的依据。因此，在小学数学教学中，教师要根据多元智能理论，深入了解学生的优势与局限，就特定的教学内容设计包括研究性学习在内的多元化的教学方式，以满足不同类型学生的学习需要。

3. 研究性学习符合新的数学课程标准的要求

义务教育数学课程标准的相关要求指出，有效的数学活动不能单纯地依赖模仿和记忆，动手实践、自主探索与合作交流是学生学习数学的重要方式。这为学生的个性化学习指明了方向，也为学生进入教学中心搭建了平台。

研究性学习注重培养学生的创新意识和实践能力。具体来说，就是要培养学生观察和认识周围事物间的数量关系与形体特征的兴趣和意识，使学生感受到数学与现实生活的密切联系；通过观察、操作、猜测等方式，培养学生的探索意识，使学生初步学会运用所学的数学知识和方法去解决一些简单的实际问题。

具备获取知识的能力对学生而言是最重要的，而获取知识的过程也就是培养能力的过程。数学课堂教学的过程就是培养学生获取数学知识的能力的过程。因此，小学数学教学是培养学生能力的主渠道，也是体现"研究性学习"的主要途径之一。

（二）研究性学习策略的特征

研究性学习以"问题解决"为载体，即在研究过程中以问题为出发点，创设一种类似科学研究的情境，让学生通过自己收集、分析和处理信息来实际感受并体验知识的产生过程，使学生学会学习，培养提出问题、研究问题和解决问题的能力。所以，研究性学习具有专题性、开放性、自主性、创造性、过程性、趣味性等主要特征。这种以"问题解决"为载体的学习和研究方法，正是现今小学数学教学的主要特点和教学改革的方向。

1. 专题性

研究性学习主要围绕问题的提出和解决来组织学生的学习活动。在研究性学习中，教师要组织学生从学习生活和社会生活中选择自己感兴趣的内容，去发现问题和提出问题。这些问题可以是教师提供的，也可以是学生自己选择和确定的；可以是课堂内教材内容的拓展延伸，也可以是对校外各种自然和社会现象的探究；可以是纯思辨性的，也可以是实践操作的；可以是已经证明的结论，也可以是未知的知识领域。

2. 开放性

研究性学习要研究的问题多来自学生的自身生活，学生学习的途径、方法不一，最后研究结果的内容和形式各异，因此，研究性学习必然会突破原有学科教学的封闭状态，把学生置于一种动态、开放、主动、多元的学习环境和学习状态中。在教学中，教师精心设计的学习情境要能使学生主动去寻求探究的话题，要能提供使学生获得实践技能的机会。教师教学一般会按照"先求异，再求同，最后求佳"的顺序进行，学生可以用多种方式从多个角度来提出问题、研究问题和解决问题，然后获得最佳结论。

3. 自主性

在研究性学习中，教学是师生之间、学生之间交往互动与共同发展的过程，学生由处于被教育、被塑造的边缘位置进入教学的中心，成为教学活动的主体，而教师则成为数学教学活动的组织者、引导者与合作者。研究性学习强调，以学生的自主性、探究性学习为基础，学生在按自己的兴趣选择和确定研究学习的内容后，通常采用学生个人或小组合作的方式来进行学习，课程的内容、方式、进度、实施地点、最后的表现形态等主要取决于学生个人或小组的意见。

4. 过程性

研究性学习注重学习结果，但更注重学习过程以及学生在学习过程中的感受和体验。学生经过一段时间的研究，最后形成的研究结果可能不准确，但这并不重要，重要的是学生通过设计课题、查找资料、动手实验、社会调查等亲身实践，获得了对社会的直接感受，了解了科研的一般流程和方法，尝试了与他人交往和合作，知道了除了教材以外还有很多获取信息的渠道，并试图综合已有的知识来解决正在研究的课题等，这些科学素养的获得远远比知识的获得重要得多。

(三) 实施研究性学习策略的途径

研究性学习的一般过程是：提出问题→收集数据→形成解释→评价结果→检验结果。而小学数学课堂教学的基本模式是：创设问题情境→明确探究目标→猜想→尝试探究→巩固内化→目标评价。可以说，此教学模式与研究性学习过程在本质上是统一的。

1. 创设情境，激趣导入

教师要引导学生主动参与研究性学习，使他们产生尝试研究的欲望，从而积极尝试探索，不断取得成功，并且不断受到成功的激励。学生被激起的尝试探究的动机，在很大程度上取决于教师新课导入设计的合理性程度和创设探究知识的情境。研究学习中，激趣导入新课的方法有以下几种。

(1) 设置悬念导入。教师可以通过揭示矛盾冲突，设置悬念，激发学生尝试探究的欲望。

(2) 创设生活情境导入。数学来源于生活，生活中处处有数学，教师应把数学和生活结合起来，创设现实生活情境或模拟现实生活的情境，并以此来激发学生的尝试热情，促进学生通过尝试探究取得成功。

(3) 声像传情导入。教师可以通过课件、幻灯片、视频或音频等，创设与教学内容相吻合的教学情境，使学生亲临其境，受到启示。

(4) 启示发问导入。教师应根据所学内容，精心设计富有启发性的提问，引导学生积极动脑思考。

（5）游戏、故事导入。教师可以通过竞赛、小品、猜谜语、讲故事等，融教学于活动之中，使学生在轻松愉快的气氛中学习，获得快乐的体验。

导入没有固定不变的方法，教师要根据教学内容和学生实际，使课堂导入达到质疑、激趣的效果。

2. 提出问题，明确目标

学源于思，思起于疑。人们总是在不断地发现问题、解决问题中获取新知，而提出问题往往比解决问题更重要。教师要通过情境的创设，使学生明确探究的目标，给予学生思维的方向；同时，使学生产生强烈的探究欲望，给予学生思维的动力。创设问题情境，应力求体现以下几点。

（1）问题的趣味性。教师提供的材料要有趣味，要有利于激活学生的思维，引发学生积极地提出并思考问题。

（2）问题的开放性。教师要联系学生的年龄特点和认知水平，给学生提供自主探究的机会，为学生拓展多向思维的空间，鼓励学生根据所学内容，自己提出问题。

（3）问题的障碍性。要引起学生思维的冲突、认知的矛盾，如在新旧知识的矛盾中产生和提出问题。

（4）问题的实践性。学生应以个人或小组的形式在探究实践活动中寻找方法或在讨论中产生和提出问题。

（5）问题的差异性。要适合不同层次的学生，由浅入深地产生和提出问题。

3. 设计猜想，选择学法

探究方法是解决问题前的必要准备，教师要思考设计出解决问题的方案，选择学习方法，在此要鼓励学生大胆猜想。数学学习也是发现数学知识的过程，是一个凭借数学的直觉，提出各种猜想，进行实践验证，揭示数学知识规律的过程。小学数学探索性学习过程中，猜想是一种寻求解题方法的重要手段和方法，教师要鼓励学生大胆猜想，发现知识的规律，使学生不仅能获取数学知识，还能学会探究与发现知识的方法。猜想有以下几种类型。

（1）归纳猜想

归纳猜想就是对研究对象或问题从一定数量的特例进行观察与分析，应用不完全归纳法得出有关命题的形式、结论或方法的猜想，并根据这种推理做出直觉发现的过程。例如，著名的哥德巴赫猜想、三角形的面积等于平行四边形面积的一半等。

（2）类比猜想

类比猜想就是运用类比的方法，通过比较两个对象或问题的相似性（部分相同或整体类似），去探究等待解决的问题与相关问题的内在联系，并猜想解决问题的途径或方法，从而得出数学新命题或新方法。例如，教学"分数的基本性质""商不变的性质""分数和除法的关系"等。

（3）审美猜想

审美猜想是运用数学美的思想性、简单性、对称性、相似性、和谐性、奇异性，对研究的对象或问题的特点，结合已有知识与经验做出直觉性猜想。例如，将圆切拼成近似于长方形的图形，并找出其中的联系，从而推导出圆的面积公式。

（4）探索性猜想

探索是学习新知、实现再创造的必由之路。探索性猜想是指运用常识探索法，依据已有知识和经验对研究对象或问题做出接近结论的方向性或局部性的猜想。例如，"能被 3 整除的数的特征"与"能被 2、5 整除的数的特征"是否有关，与"各个数位的和、差、积、商"是否有关等。

（5）综合猜想

综合猜想就是要求学生利用联想、类比和归类等方法，去猜想具有一定难度和深度的题目的解题结果、解题思路或解题方法。

通过大胆地猜想和探究，选定了探究问题的解决方案及学习方法，接下来就要转入科学解决具体问题的尝试探究。

4．尝试探究，获取新知

探究环节是探究性学习的核心部分。想要获取新知，就必须秉持科学的态度进行探究，教师在教学中应注意做到以下两点。

首先，教学应努力做到"三要，三不要"。一要给学生自由探究的时间和空间，不要将教学过程变成机械、照搬教案的过程；二要鼓励学生对每层目标（知识点）大胆地联想、猜想、质疑问难，发表不同的意见，不要急于得出结论；三要给予学生探究性的指导，特别是当学生的见解出现错误或偏差时，要引导学生发现问题并自我改正，要将机会留给学生，不要代替学生思考。

其次，要注重探究解决问题的启发方式和策略。教师要提供机会让学生把握问题的各个方面；提供机会让学生从不同角度看待问题要素之间的关系；鼓励学生探究问题的多种途径和办法；鼓励学生在小组情境中探究，共享资源；在探究过程中，让学生认真倾听别人的看法，以减少解决问题过程中的疑点或困难。

5．巩固内化，目标评价

（1）巩固内化

以科学的方法探究新知，获取新知，把新知识巩固内化，并应用于实际生活之中，是研究性学习的终点目标。

当获取新知后，学生要及时参与本课时内容的基本练习、专项练习、综合练习，使知识内化。为防止学生的思维发展受到限制，教师应重视设计结构不全、条件不明的，必须发挥创造性、结合有关经验才能解答的开放性练习。

（2）目标评价

研究性学习充分体现了教学中的主体性、实践性、开放性、自主性等特征。由于学生的学习基础、学习方式和个性潜质不同，因此他们在研究性学习中会产生丰富多彩的学习理念和个性化的创造表现。教师既要善于发现和表扬学生个性发展中具有独特价值的东西，又要梳理出科学的探究性学习的基本思路和数学思想方法，并在此基础上，艺术地运用多元化、多样性的评价手段，推动学生整体、全面地发展。

在小学数学教学中实施研究性学习顺应了学生身心发展的规律，顺应了教育发展的要求，给予了学生一片广阔的天空。凡是学生能探究得出的，决不替代；凡是学生能独立思考的，决不暗示。给学生多一点表现自己的机会，学生不仅能学到知识，更能学到获取知识的方法，发展思维能力和创新能力，形成合作意识。

二、开放性教学的实施策略

数学学科是丰富的和开放的知识体系。小学数学教学应该是一个开放的活动过程，应该是一个有利于学生轻松快乐、自主发展、充分发展的学习过程。数学教育要从以获取知识为首要目标转变为首先关注人的发展，创造一个有利于学生生动活泼、主动发展的教育环境，提供给学生充分发展的空间。

现代社会需要思维敏捷灵活、具有创新意识和能力的人才。人才观念的转变必然要求广大教师更新教育观念，改进教学模式。因此，在小学数学课堂教学中，教师应以开放的态度，将生活情境引入数学教学，使学生认识到数学的广泛应用价值，养成数学应用意识，形成解决数学问题的能力；教师应提供大量条件不明、方法多样、答案不唯一的问题，给学生参与、体验、创造的机会，使他们的各种潜能得以展现与发展。具体而言，教师可以重点从学生心灵、教学时空、教学内容和教学方法这四个方面着手实践开放性教学。

（一）放飞学生心灵

素质教育时代背景下的数学教学应围绕开放的教育观念、崭新的教育模式及和谐的课堂氛围展开，让学生的思想能自由驰骋，让学生的心灵无限开放，让学生无拘无束地健康成长。

1. 激发学生的好奇心

儿童对周围的世界充满了好奇，喜欢提问题。因此，教师要注重利用和激发学生的好奇心，以开放的题目和问题作为切入口，为学生提供足够的探索时间和空间，激发学生的探索意识。

例如，"用立方体拼摆立体图形"，教师可以让学生用五块立方体摆各种立体图形，因为存在很多种不同的摆法，所以学生们摆出了一种后还想再换一种方法。这种开放性题目满足了小学生好奇、好胜、好表现的心理特点，能够让他们在好奇心的驱使下求得真知，发展思维。

2. 树立学生的自信心

自信心是个体对自身价值和能力的充分认识和评价，是激励自己实现理想的内部动力，是一个人必备的良好心理素质和健康的个性品质。对于成长中的学生而言，成功能够帮助他们树立自信心。因此，教师应通过多种途径，采取有效方法，以民主平等的师生关系为更多的学生提供成功的机会，帮助学生积累成功的经验，形成"成功—精神愉悦—自我激励—增强自信—成功"的良性循环，以树立他们的自信心。

例如，在学习"购物问题"时，每个学生的购物方案都是从不同角度来设计的，教师应帮助学生认识到自己也可以独立运用知识设计购物方案，而且这些方案还是可行的。

3. 保护学生的自尊心

教师应该保护学生的自尊心，让学生保持参与学习的积极性，创设一种能让每个学生感受到自身价值和亲身体验成功的环境。

例如，对于一些答案不唯一的数学问题，教师在带领学生学习的过程中，应多鼓励学生尽情发挥想象，开动脑筋，寻找尽可能多的解决方法。如果学生的思路或策略正确，能得到教师的认可和赞扬，他们就会产生一种自豪感和满足感，并能保持较高的学习积极性；即使学生的思路不正确或者所提的想法离奇古怪、不合常理,教师也应该及时引导,鼓励其进一步思考,要让学生觉得犯错也没关系,只要能继续积极思考就会获得成功。

(二) 延展教学时空

先进的现代信息技术为传统的数学教学提供了广阔的发展空间。教师可以借助电脑、网络和多媒体等技术拓宽数学教学的领域,将数学教学向生活延伸,向社会延伸,为学生提供大量丰富且有趣的综合性知识,创造更多自主学习的机会,使不同学习能力的学生都得到应有的发展。

1. 教学时间的开放

教师作为课堂的主导者,应为学生提供更多属于学生自己的时间,使他们自主地发展。教师在讲授完新知识之后,要留出一定的时间来组织学生进行个人总结、小组学习或集体讨论等活动,以便对所学知识进行梳理和整合。例如,"拼组图形"的实践操作性较强,教师可以只讲解一些基本的拼组方法,留出大量的时间让学生自由想象,动手拼组,充分调动学生的学习积极性。对于较复杂的拼组方法,教师可以将其制作成电脑课件,让学生根据自己的学习能力和实际需要,在课后自主学习。

另外,教师完全可以打破 40 分钟课堂教学时间的限制,布置一些新奇有趣的开放性问题或课题,让学生在课堂之外利用电视、图书馆、网络等现代化信息渠道主动探索知识,从而满足学生的探究欲望,开阔学生的视野,让学生在生活中发现并解决数学问题,使学生时时刻刻都能感受到数学就在身边。

2. 教学空间的开放

教学空间的组织形式直接影响师生在教学活动中的交流活动、学生之间的人际交往、学生参与的积极性、教学信息的反馈等。因此,基于开放教学空间的理念,教师可以改变传统课堂教学的空间形态,遵循让学生充分参与学习活动的原则，变传统教学的单调、刻板、固定的排排坐的形式为马蹄形、梅花形、四方形、单圆形、双圆形等多种便于交流的开放空间形式，使课堂布置充分体现生活化、人性化的特点。例如，教学"填条件"时，小组分工合作学习的效果会更好，因此教师可将座位编排成梅花形，以小组长为中心，小组成员团团围坐，在小组长的分工下，组员通力合作共同完成学习活动。

另外，教学活动不应只局限于课堂，教师还可以根据教学内容的需要和实际情况，带领学生实地参观，使学生在社会环境和自然环境中，增强感性认识，实现自我发展。

（三）贯通教学内容

要想将数学学科从封闭的课堂教学中解放出来，教师就要创造性地使用教材，结合学生的认知规律和实际生活，收集数学课程资源，以此来丰富和充实教学内容，促进数学知识、课本知识与生活实际以及各学科之间的贯通融合。

1. 新旧知识点的贯通

数学是一门系统性强、结构严谨的学科，先行知识是后继知识的基础，后继知识是先行知识的补充和发展。把握知识系统中的每一个环节与相邻环节之间的关系，不仅有利于明确所学知识的地位和作用，而且有利于形成合理的知识结构，提高学习的效率。因此，教师在全面把握知识结构的基础上，应创造性地设计一些开放题来沟通前后知识点。

例如，为了复习"数的整除"概念，可以设计这样一道开放性的操作题：按一定的标准将 10 个数（1，2，4，5，11，9，15，30，51，71）分成若干类。由于分类标准不唯一，因此学生可以根据自己对相关知识点的掌握程度，按自己的思路自觉地比较和整理，然后教师再引导学生加以归纳，也就厘清了知识的脉络结构。

2. 学科之间的交叉

数学学科不是孤立封闭的，语文、自然、思想品德等学科中也蕴含着丰富的数学知识和数学思想。教师从这些学科当中搜集素材，不仅能让学生掌握数学知识，还能让学生了解其他学科的相关知识，使学生既开阔了眼界，又学会了学以致用，同时也达到了育人效果。教师可以要求学生在学习其他学科时，依据个人兴趣将其中与数学有关的知识都记录下来，并尝试着把它们编成数学题，和同学们交流。

3．社会生活的联系

小学数学教学应立足课内打基础、课外求发展，以培养小学生的综合素质为出发点。因此，教师应积极探索与建构生活中的数学体系，引导学生把所学的知识和方法运用于生活，用数学思维去思考生活中的实际问题，并用数学方法去解决这些问题。

例如，学习了"利率计算"后，可以让学生为自家的存款计算本息；学习了"条形统计图"以后，可以要求学生将自家每个月的水电费制成条形统计图并加以分析。这不仅激发了学生的学习兴趣，而且能使其真正懂得学习知识的实用价值。

（四）丰富教学方法

课堂教学必须以人为本，以学生的发展为本。教师要想方设法使学生主动地参与学习，积极建构知识。在教学实践中，教师对教学方法的选用非常重要。教师应该根据自己的知识结构和教学技术优势，并结合学生的学习特点，灵活地选择教学方法。除常用的教学方法外，还应特别注意以下几种教学方法。

1．游戏教学法

游戏教学符合儿童的心理、生理特征，有利于激发学生的学习兴趣，调动学生的学习积极性，能最大限度地发挥学生的身心潜能，使其省时高效地完成学习任务。

例如，"分数的初步认识"的教学，在讲授完知识点并做过练习后，教师可以设计一个领奖游戏，奖品有气球、铅笔、本子等，学生可以上台领取，但必须用当堂所学知识描述说明，如"我拿走的是某类奖品中的几分之几，是全部奖品的几分之几""我领走了剩下铅笔的三分之一，它占原来铅笔总数的八分之一"等。这样，学生就能积极思考，将所学知识与实际联系起来，增强了其思维的灵敏性。

2．辩论教学法

对于学习中遇到的一些问题，教师可以安排学生进行辩论。通过辩论，发展学生的多向思维，锻炼学生的口头表达能力。

例如，"某班男生比女生多八分之一，则女生比男生少八分之一"，很多学生会有这个错误推理。教师可以让持不同观点的学生进行辩论，想办法说服对方。在这种开放的情境下，学生热情高涨，思维活跃，在辩论中深化了认识，取得了事半功倍的学习效果。

3．合作教学法

合作教学有利于提高学生的合作交流能力。教师应精心设计开放式情境，将学生分为若干小组，让学生在小组合作中体验合作的过程，共享成功的愉悦。

例如，在教学"升、毫升"时，教师可以不直接告诉学生 1 升＝1000 毫升，而是设计这样一个实践活动：要求学生把 100 毫升的水倒进 1 升的量筒里，看能倒几次。操作具有一定的难度，需要学生分工合作才能完成。于是学生们有的倒水，有的看刻度，有的做记录，在融洽的学习氛围中养成互帮互助、共同进步的合作精神和能力。

只有开放，才能为学生提供充分发展的空间，才能更好地满足每个学生的需要，才能让学生的综合素质和能力得到全面提高。

参考文献

[1]程五霞,李雄剑,杨火保.小学数学课程与教学[M].南京:南京大学出版社,2021.

[2]葛庆华.自主互助学习型小学数学课堂教学研究[M].长春:吉林人民出版社,2021.

[3]郭忠勤,丛丽敏,范安东.小学数学课堂情境教学模式的构建研究[M].长春:吉林人民出版社,2022.

[4]何静,亓永忠,罗萍.数学课堂教学模式研究与应用[M].长春:吉林人民出版社,2021.

[5]孔珍.小学数学综合实践活动课程:多元设计与校本实践[M].北京:北京理工大学出版社,2020.

[6]李树军,范桉敏.基于大数据下的小学数学课堂构建研究[M].长春:吉林人民出版社,2020.

[7]梁伟虹.成都市娇子小学数学学科课程建设方略[M].成都:电子科技大学出版社,2020.

[8]孙青媚.微课在小学数学创新教学中的应用探究[M].长春:吉林人民出版社,2020.

[9]王景辉.小学数学教育教学研究[M].成都:电子科技大学出版社,2015.

[10]王俊菊.小学数学课堂有效教学研究[M].成都:电子科技大学出版社,2015.

[11]王西梅.基于核心素养下的小学数学课堂教学研究[M].长春:吉林人民出版社,2022.

[12]王晓,刘美云.小学数学教学模式与有效教学研究[M].长春:吉林大学出版社,2018.

[13]王晓燕.小学数学教学方法与探究[M].成都:电子科技大学出版社,2015.

[14]王榆松.高效课堂中的数学教学与创新研究[M].长春:吉林人民出版社,2022.

[15]韦晓燕.小学课堂教学与思维创新[M].成都:四川大学出版社,2019.

[16]杨川.小学数学应用题详解[M].成都:电子科技大学出版社,2019.

[17]杨勇.小学数学 AI 微课堂[M].北京:电子工业出版社,2020.

[18]张桂芹.小学数学教学模式理论与实践[M].哈尔滨:黑龙江教育出版社,2018.

[19]张静.小学数学课堂教学研究[M].延吉:延边大学出版社,2018.

[20]张天孝.现代新思维小学数学教育[M].杭州:浙江大学出版社,2017.

[21]张煜.小学数学"灵动"教学模式研究[M].昆明:云南人民出版社,2020.

[22]赵远.小学数学教学与模式创新研究[M].长春:吉林教育出版社,2020.

[23]周静珠.因用而学:深度学习视角下的小学数学课堂教学实践[M].宁波:宁波出版社,2022.

[24]周友士.小学数学解题讲义[M].南京:南京大学出版社,2021.

[25]朱艳艳.小学数学"律动课堂"的理论研究与实践探索[M].苏州:苏州大学出版社,2017.